Zehn Jahre sind seit Johns letztem Besuch im Café vergangen, und die Unbeschwertheit der Jugend ist längst vorbei. John kämpft mit dem Älterwerden. Auf dem Rückweg von der Beerdigung seines geliebten Patenonkels sucht er vor einem Unwetter Zuflucht in einer Unterführung und begegnet der fünfzehnjährigen Hannah. Gemeinsam entdecken sie aufs Neue das Café am Rande der Welt. Sein erster Besuch dort hat John nachhaltig verändert. Nun ist er erneut an einem Wendepunkt. John fühlt sich festgefahren, er steckt in der Midlife-Crisis. Wer kann ihm in dieser Lebensphase neue Denkanstöße geben? Die Bedienung Casey hat da eine Idee. Max, ein lebensweiser alter Mann, wird zu seinem Mentor. Er hilft John dabei, sich wieder auf den Weg zu machen, um eine Antwort auf die alles entscheidende Frage zu finden: Warum bin ich hier?

John Strelecky lebt mit seiner Familie in Orlando, Florida. Mit seinen Büchern, Workshops und Vorträgen hilft er Menschen herauszufinden, was sie im Leben wirklich wollen. In Deutschland hat er die Organisation ›John Strelecky & Friends‹ gegründet, um Interessierten Workshops in deutscher Sprache anzubieten (www.johnstrelecky.de). Er hat mehrere Bestseller geschrieben, darunter: ›Das Café am Rande der Welt‹, ›Wiedersehen im Café am Rande der Welt‹.

JOHN STRELECKY

Auszeit im Café am Rande der Welt

Eine Wiederbegegnung mit dem eigenen Selbst

Mit Illustrationen von
Root Leeb

Aus dem Englischen von
Bettina Lemke

dtv

Ausführliche Informationen über unsere Autoren und Bücher
www.dtv.de

Von John Strelecky ist bei dtv außerdem erschienen:
Das Café am Rande der Welt
Wiedersehen im Café am Rande der Welt
Wenn du Orangen willst, such nicht im Blaubeerfeld
Was nützt die schönste Aussicht, wenn du nicht aus dem Fenster schaust
Folge dem Rat deines Herzens und du wirst bei dir selbst ankommen
The Big Five for Life
Das Leben gestalten mit den Big Five for Life
Safari des Lebens
Reich und glücklich! (zusammen mit Tim Brownson)

MIX
Papier aus verantwortungsvollen Quellen
FSC® C083411
www.fsc.org

4. Auflage 2019
dtv Verlagsgesellschaft mbH & Co. KG, München

Titel der amerikanischen Originalausgabe:
Reconnection – A Third Visit to the Why Cafe
Deutschsprachige Ausgabe:

Umschlagbild: Root Leeb
Gesetzt aus der Fairfield
Satz: Uhl + Massopust, Aalen
Druck und Bindung: CPI books GmbH, Leck
Gedruckt auf säurefreiem, chlorfrei gebleichtem Papier
Printed in Germany · ISBN 978-3-423-34964-2

Meinem Patenonkel Robert,
»Bob«, Krzyzewski (1928–2019) gewidmet.
Mögen die Seen in deinem Himmel
voller Fische sein,
und möge die Sonne dir warm ins Gesicht scheinen.

Manchmal, wenn man es am wenigsten erwartet, aber vielleicht am meisten braucht, findet man sich an einem unbekannten Ort wieder, mit Menschen, die man gleichfalls nicht kennt, und erfährt neue Dinge. Und wenn man Glück hat, kann man dorthin zurückkehren, wenn man es am nötigsten hat.
Dies ist die Geschichte meines dritten Besuchs im – *Café am Rande der Welt*.

1 Es war dunkel und es regnete in Strömen, sodass ich nicht mehr als ein paar Meter weit sehen konnte. Die Straße war vor Nässe glitschig. Ich spürte, wie die Reifen ins Rutschen kamen, wenn ich durch große Wasserlachen fuhr, die mit jeder Sekunde tiefer wurden.

Meine Scheinwerfer durchdrangen die Dunkelheit kaum, daher probierte ich das Fernlicht aus. Aber das brachte nichts. Nebel hatte sich gebildet, der das Licht nur noch stärker reflektierte.

Ich fuhr durch eine weitere tiefe Pfütze, und die Reifen pflügten sich mühsam durch das stehende Wasser.

Ich warf einen Blick in den Rückspiegel, aber hinter mir war niemand. Als ich meine Aufmerksamkeit wieder auf die Straße richtete, sah ich mich selbst kurz im Spiegel. Ich wirkte müde. Es war ein langer Abend gewesen. Für diejenigen, die noch dort waren, würde er noch länger dauern. Viele Tränen würden vergossen werden.

Plötzlich schien das Auto wie auf Eis dahinzuschlittern. Es rutschte stark nach rechts hinüber, und ich trat jäh auf die Bremse. Daraufhin schlingerte der Wagen in die entgegengesetzte Richtung.

Mein Herz raste, und einen kurzen Moment lang dachte ich, ich würde mich komplett um die eigene Achse drehen. Ich kämpfte mit dem Lenkrad und trat auf die Bremse. Nichts geschah. Das Auto schleuderte weiter.

Aus irgendeinem Grund erinnerte ich mich daran, dass mein Vater mir einmal gesagt hatte, man dürfe bei Regen keine Vollbremsung machen, sondern müsse den eigenen inneren Impuls unterdrücken und stattdessen alles langsamer angehen.

Ich trat erneut auf die Bremse, dieses Mal jedoch langsamer und stoßweise.

Das Heck des Wagens schlingerte immer noch. Ich spürte den Sog der Zentrifugalkraft, der mich herumzuschleudern drohte. Die Reifen versuchten verzweifelt, durch das Wasser hindurch zum Straßenbelag vorzudringen. Mein Herz schlug immer schneller.

In diesem Moment leuchtete ein riesiger Blitz auf und blendete mich mit seinem grellen Licht. Sekun-

denbruchteile später erschütterte ein ohrenbetäubender Donner die Windschutzscheibe.

»Tempo drosseln!«, hörte ich die Stimme meines Vaters leise sagen. »Tempo drosseln!«

Ich bewegte das Lenkrad sanft in die entgegengesetzte Richtung, in die das Auto zog, und betätigte erneut langsam und stoßartig die Bremse. Nichts geschah. Immer noch nichts.

Dann griffen die Reifen plötzlich wieder auf dem Untergrund, und das Auto stabilisierte sich ruckartig.

Das Herz schlug mir bis zum Hals, und mir wurde bewusst, dass ich den Atem angehalten hatte. Ich atmete aus und warf erneut einen Blick in den Rückspiegel. Hinter mir war nach wie vor niemand. Es war ein Wunder. Hätte sich ein anderes Auto in meiner Nähe befunden, wäre ich geradewegs mit ihm kollidiert.

Ich atmete ein paarmal tief durch. Allmählich beruhigte sich mein Herz. Alles war in Ordnung. Es war alles gut. Blitzschnell war ich in Gedanken wieder bei meinem Vater.

Da platzte der rechte Hinterreifen.

2 Sie war jahrelang immer wieder mit dem Fahrrad auf dieser Strecke unterwegs gewesen. Doch in der ganzen Zeit hatte sie noch nie ein solches Unwetter erlebt. Ein gezackter Blitz nach dem anderen durchschnitt den Himmel. Der Donner war so laut, dass er sie innerlich erbeben ließ.

Sie war klitschnass vom strömenden Regen und begann zu frieren. Die Temperatur schien um zwanzig Grad gefallen zu sein, seit sie losgefahren war. Sie konnte ihren Atem in der Luft sehen. »Ein Tag, der sehr schlecht angefangen hat und immer schlimmer geworden ist«, dachte sie bei sich.

Sie trat fest in die Pedale, um mit dem Fahrrad zu beschleunigen. Aufgrund des Unwetters war es schneller dunkel geworden als sonst. In Verbindung mit dem heftigen Regen konnte sie deshalb kaum noch etwas erkennen.

Als ein weiterer Blitz grell aufleuchtete, zog sie

instinktiv den Kopf ein. In dem kurzen hellen Schein hatte sie flüchtig irgendetwas auf der Straße wahrgenommen. Ihre Augen versuchten angestrengt zu erkennen, was es war.

Ein weiterer Blitz zuckte über den Himmel, doch zu spät erblickte sie die Glasscherben der zerbrochenen Flasche, die vor ihr auf dem Boden lagen.

Sie wich rasch nach rechts aus, aber zu spät. Das knirschende Geräusch des Gummireifens auf den Glasscherben hallte in ihren Ohren wider. Sie biss die Zähne zusammen.

»Bloß keinen Platten«, murmelte sie. »Jetzt bloß keinen Platten.«

Sie trat noch ein paar Meter in die Pedale und bemerkte dann, dass der Reifen weicher wurde und sich schwer lenken ließ.

»Verdammt.«

3 Der geplatzte Reifen hatte das Heck des Wagens wieder auf die linke Fahrbahn katapultiert. Doch da ich mich gerade auf einer Steigung befand, gab es zumindest keine Pfützen. Ich hörte das dumpfe Schlagen des geplatzten Gummireifens und versuchte, den Wagen wieder auf meine eigene Fahrbahn zu lenken.

»Kein guter Abend, um einen Platten zu reparieren«, sagte ich zu mir selbst. Zum Glück gab es die Pannenhilfe. Ich erreichte die Kuppe des kleinen Hügels, den ich hinaufgefahren war, und lenkte den Wagen auf den Seitenstreifen. Es waren nach wie vor keine anderen Autos in Sicht.

Aus dem Handschuhfach holte ich den Vertrag für den Mietwagen, den ich am Morgen nach meiner Ankunft mit dem Flugzeug bekommen hatte. Auf der Innenseite der Dokumentenmappe fand ich die Notfallnummer.

Dann nahm ich mein Handy zur Hand, das ich in

eins der beiden Ablagefächer zwischen den Vordersitzen gelegt hatte, um es aufzuladen, und wählte die Nummer.

Nichts passierte. Ich wählte die Nummer erneut. Wieder nichts. Ich warf einen Blick auf die Ecke des Displays. Kein Empfang.

»Kein guter Abend, um einen Platten zu reparieren«, murmelte ich noch einmal. »Definitiv *kein* Abend, um einen Platten zu reparieren.«

Ich ließ das Handy wieder in das Ablagefach fallen. Die Scheibenwischer bewegten sich wild hin und her und versuchten vergeblich, die Windschutzscheibe vom Wasser freizuhalten.

Ich schaute nach draußen, konnte aber nicht viel erkennen. Plötzlich leuchtete ein weiterer Blitz auf. Vor mir erblickte ich in etwa 400 Metern Entfernung eine Unterführung..

Ich ließ den Wagen wieder an. Möglicherweise würde ich die Felge beschädigen, aber wenn dort tatsächlich eine Unterführung war, würde ich beim Reifenwechsel zumindest trocken bleiben.

4 Ich hatte den Kofferraum geöffnet und schob mein Gepäck beiseite, um an den Reservereifen zu gelangen. Ich fand ihn zusammen mit einem Wagenheber, einem Radkreuz und einem Notfallset, das eine Decke, eine Verbandtasche sowie ein paar Warnleuchten enthielt. Das Notfallset war innen beleuchtet, deshalb nahm ich es in die Hand, um besser sehen zu können.

»Gut gemacht, liebe Leute von der Autovermietung«, dachte ich bei mir.

Ich breitete das Werkzeug neben dem zerfetzten Reifen aus und begann, die Radmuttern zu lösen. Es regnete nach wie vor in Strömen, aber unter der Unterführung war es trocken.

Schon bevor der Reifen geplatzt war, hatte ich auf dieser zweispurigen Landstraße seit geraumer Zeit kein einziges Auto mehr gesehen. Offenbar gab es hier nicht viel Verkehr.

Während ich mich mit dem Reifen abmühte, hörte ich einen Fluss, der neben der Straße entlangströmte. Deshalb also hatten sie hier eine Brücke gebaut. Mir kam dieser Umstand sehr gelegen.

Die Luft duftete nach Regen und Wald. »Unter anderen Bedingungen wäre die Brücke am Fluss wahrscheinlich ein hübscher Rastplatz«, dachte ich.

Nach gehöriger Anstrengung gelang es mir schließlich, den platten Reifen von der Radachse zu lösen. Ich hob den Reservereifen etwas an und versuchte, ihn auszurichten, um ihn auf die Schrauben zu schieben. Er war schwer, und es gelang mir nicht, ihn in die richtige Position zu bringen.

Nachdem ich es eine Weile lang versucht hatte, ließ ich ihn frustriert auf den Boden fallen. Meine Arme brannten schmerzhaft. Ich schüttelte sie aus und versuchte es erneut. Beim dritten Versuch gelang es mir schließlich.

»Wo sind denn bloß die Radmuttern?«, sagte ich laut. Ich hatte sie von dem platten Reifen abgeschraubt und irgendwohin gelegt. Ich tastete den Asphalt mit den Händen ab, konnte sie aber nicht finden. Also schnappte ich mir das Notfallset mit der kleinen Lampe und leuchtete damit um mich herum.

Wo waren sie nur?

»Sie befinden sich unter Ihnen«, sagte eine Stimme.

Ich drehte mich blitzschnell um und ließ aus Versehen das Notfallset fallen. Es war eine weibliche Stimme, die mich vollkommen überrascht hatte. Ich griff nach dem Set, hob es hoch und leuchtete mit der Lampe in die Richtung, aus der die Stimme vermutlich gekommen war. Doch dort war niemand. Lediglich die Brückenpfeiler waren zu erkennen.

Ich leuchtete mit der Lampe von einer Seite zur anderen, aber ich konnte nicht weit in die Dunkelheit hineinsehen, da das Licht nicht stark genug war.

»Wo sind die Radmuttern?«, fragte ich erneut, um herauszufinden, ob mein Geist mir einen Streich gespielt hatte. Eine kurze Weile war es still, und ich dachte, ich hätte mir alles tatsächlich nur eingebildet.

»Sie befinden sich unter Ihnen. Sie hatten die Tür geöffnet, als sie den kaputten Reifen abmontierten, und ich habe gesehen, dass Sie sie neben sich gelegt haben. Ich glaube, sie liegen unter Ihnen.«

Ich trug einen Anzug, und da ich ihn nicht ruinieren wollte, hatte ich in der Hocke balanciert, während ich den Reifen wechselte. Ich tastete den Boden rechts von mir ab.

»Auf der anderen Seite«, sagte die Stimme.

Ich streckte die andere Hand aus, und tatsächlich, dort waren die Radmuttern.

»Danke«, sagte ich.

Ich wandte mich wieder dem Auto zu und begann, die Radmuttern festzuschrauben.

Wer war dort und warum war diese Person an einem solchen Gewitterabend ausgerechnet unter dieser Unterführung?

Als ich mit dem Reifen fertig war, senkte ich den Wagenheber wieder ab. Alles wirkte genügend stabil. Ich blickte hinter mich, sah aber niemanden. Also verstaute ich den zerfetzten Reifen im Kofferraum.

Wagenheber, Radkreuz sowie Notfallset legte ich auf den Rücksitz, für den Fall, dass ich diese Dinge noch einmal benötigen würde. Die Leute von der Autovermietung würden sich darum kümmern. Als ich mit allem fertig war, schaute ich angestrengt in die Dunkelheit unter der Brücke.

»Brauchen Sie Hilfe?«, fragte ich ins Nichts hinein.

Keine Antwort.

»Ich werde gleich aufbrechen. Wenn Sie Hilfe brauchen, ist dies die Gelegenheit.«

Immer noch keine Antwort. Ich überlegte, ob ich zu den Brückenpfeilern gehen sollte, um nachzusehen, wer mit mir gesprochen hatte, aber es kam mir etwas riskant vor.

»Okay, ich fahre jetzt«, rief ich, um wem auch immer eine letzte Chance zu geben.

Noch immer kam keine Antwort. Ich wartete kurz, machte dann auf dem Absatz kehrt und ging zur Fahrerseite des Autos.

5 »Warum tragen Sie einen Anzug?«

Es war wieder die weibliche Stimme. Ich hatte gerade den vorderen Teil des Autos erreicht, als sie etwas sagte. Ich drehte mich um und blickte in die Dunkelheit hinein, in Richtung der Brückenpfeiler.

»Ich war auf einer Beerdigung.«

Keine Antwort.

»Mein Pate ist gestorben.«

Immer noch keine Antwort. Ich ging ein paar Schritte zurück, in Richtung der Beifahrerseite des Autos.

»Das ist doch ein wirklich alter Film, oder?«, fragte die Stimme. »›Der Pate‹?«

Meine Gedanken sprangen blitzartig zu dem Begräbnis, von dem ich gekommen war. Ich dachte daran, wie ich ihn im Sarg liegen gesehen hatte. An seine weinenden Angehörigen und Freunde. An die Fotos rings um den Altar, die ihn zeigten, als er jünger, stärker … als er noch am Leben gewesen war.

»Es war nicht so ein Pate.«

Die Stimme antwortete nicht, daher sprach ich erneut in die Dunkelheit hinein: »Als ich jünger war, wählten die Leute in der Regel einen Paten für ihre Kinder aus. Jemanden, der auf sie aufpassen würde, falls den Eltern jemals etwas zustoßen sollte.«

Ich machte eine Pause. »Er war mein Patenonkel.«

Erneut war es still.

»Standen Sie sich nahe?«

Dies war eine seltsame Frage. Sie wirkte umso seltsamer, da ich keine Ahnung hatte, wer sie stellte oder warum ich dieses Gespräch unter einer Brücke führte, unter der ich zufällig gelandet war.

»Ja«, antwortete ich. »Vor allem als ich jünger war. Er war wirklich ein guter Kerl. Ich werde ihn vermissen.«

Einen weiteren Moment lang war es still. Dann hörte ich, dass sich etwas auf dem Asphalt bewegte. Ich nahm das Geräusch von Metall und Füßen auf dem Untergrund wahr. Ich stand neben der Beifahrertür und öffnete sie. Das Licht aus dem Inneren des Autos drang in die Dunkelheit vor und fiel auf ein junges Mädchen, das etwa 15 oder 16 Jahre alt war.

Sie schob ein Fahrrad, das offensichtlich vorne

einen Platten hatte, wie man an der Bewegung merkte.

»Sieht so aus, als wäre ich nicht der Einzige mit Reifenproblemen«, sagte ich.

»Mein Handy funktioniert nicht«, antwortete das Mädchen zögernd. »Und ich wohne ziemlich weit weg von hier. Etwa 40 Minuten mit dem Fahrrad.«

Ich nickte. »Ja, ich hatte auch keinen Empfang. Das muss am Unwetter liegen.«

»Haben Sie Kinder?«

»Wie bitte?«

»Haben Sie Kinder?«

Ich nickte. »Eine Tochter. Sie ist acht.«

»Ist sie bei Ihnen?«

Ich schüttelte den Kopf. »Nein. Sie kannte meinen Patenonkel nicht, deshalb habe ich sie nicht mitgenommen. Außerdem war ich mir nicht sicher, ob sie alt genug ist, um an einer Beerdigung teilzunehmen.«

Ich betrachtete die Dunkelheit und den Regen. »Hör mal, Mädel, so wie dein Fahrrad aussieht, wird der Weg ziemlich ungemütlich werden. 40 Minuten mit dem Fahrrad sind mindestens zwei Stunden zu Fuß. Besonders wenn der Reifen völlig platt ist. Wenn du möchtest, kann ich dein Fahrrad im Kofferraum verstauen und dich mitnehmen.«

»Wohin fahren Sie?«, fragte sie.

»Zum Flughafen. Ich fliege am späten Abend nach Hause. Ich kann dich aber vorher irgendwo absetzen, wenn du möchtest.«

Das Mädchen zögerte. Offenbar versuchte es zu beurteilen, ob es sicher war oder nicht. »Du kannst auch hierbleiben«, schlug ich vor. »Du könntest mir vielleicht die Telefonnummer deiner Eltern geben, und wenn ich wieder Empfang habe, rufe ich sie an und sage ihnen, dass du Hilfe brauchst.«

Das Mädchen schüttelte den Kopf. »Dann wäre ich in zwei Tagen immer noch hier.«

Ich wusste nicht genau, wie das gemeint war. »Es ist deine Entscheidung«, sagte ich achselzuckend.

6 »Dort können Sie nicht entlangfahren«, sagte das Mädchen und deutete auf die Straße vor uns.

Sie hatte das Angebot mitzufahren angenommen, also hatten wir das Fahrrad so gut wie möglich im Kofferraum verstaut und es mit einem Stückchen Seil festgebunden, das wir unter der Brücke gefunden hatten. Nun fuhren wir in die Dunkelheit hinein.

Ich erkannte eine Absperrung, die die vor uns liegende Straße blockierte.

»Mit dem Fahrrad ist die Straße befahrbar«, erklärte das Mädchen. »So bin ich hierhergekommen.«

»Okay. Welche andere Strecke gibt es?«, fragte ich.

Das Mädchen schüttelte den Kopf. »Keine Ahnung. Das ist der einzige Weg, den ich je gefahren bin.«

Das Mietauto hatte kein Navi, und unsere Handys hatten beide keinen Empfang.

»Ich denke, wir werden uns auf gut Glück durchschlagen«, antwortete ich und bog auf die einzig mögliche Straße ab. Ich blickte kurz zu dem Mädchen hinüber. »Ich heiße übrigens John.«

»Ich bin Hannah.«

»Schön dich kennenzulernen, Hannah.«

Ein paar Minuten lang fuhren wir schweigend dahin.

»Das mit Ihrem Patenonkel tut mir leid.«

»Danke«, erwiderte ich.

»Woran ist er gestorben?«

»Er ist vor allem aufgrund seines hohen Alters gestorben. Mir wurde allerdings gesagt, dass er in den letzten paar Jahren nicht mehr der Alte war. Sein Erinnerungsvermögen ging quasi verloren.«

Ich machte eine Pause. »Warum hast du mich auf meinen Anzug angesprochen? Vorhin unter der Brücke. Und warum hast du mich gefragt, ob ich Kinder habe?«

»Ich wollte herausfinden, ob Sie ein guter Mensch sind oder nicht.«

Ich nickte.

»Schlechte Menschen können so tun, als würde jemand ihnen etwas bedeuten, aber man merkt, dass sie es nur vortäuschen. Ich habe gespürt, dass Sie es ehrlich meinten, als ich Sie gefragt habe, ob Sie Ihrem Patenonkel nahestanden.«

Ich blickte zu ihr hinüber. »Ganz schön clever«, dachte ich bei mir.

»Was hast du bei der Brücke gemacht?«, fragte ich sie.

Hannah sah zum Fenster hinaus und beobachtete, wie die Regentropfen in gezackten Linien über das Fenster liefen. Sie zeichnete sie mit dem Finger nach, wenngleich sie sich auf der Außenseite des Fensters befanden.

»Ich fahre manchmal dorthin«, antwortete sie. »Es ist ein guter Platz, um am Fluss zu sitzen und nachzudenken. Normalerweise wäre es noch ein paar Stunden lang hell gewesen, aber das Unwetter ist wirklich schnell aufgezogen. Dann hatte ich wegen einer Glasscherbe einen Platten und hing fest.«

7 Wir fuhren bereits seit beinahe einer halben Stunde, hatten aber nicht viel gesehen. Wir waren zwar an ein paar Abzweigungen vorbeigekommen, aber keine davon hatte so gewirkt, als würde sie uns in die richtige Richtung führen.

Ich warf einen Blick auf die Uhr im Auto. Wenn ich den Weg nicht bald fand, würde ich meinen Flug verpassen.

»Vielleicht dort entlang«, schlug Hannah vor. Wir kamen gerade an eine weitere Kreuzung, an der seltsamerweise ein Umleitungsschild nach rechts zeigte. Es war das erste Schild, das wir sahen, seit wir bei der Unterführung von der Hauptstraße abgefahren waren.

Nach kurzem Zögern bog ich rechts ab. Diese Entscheidung war ebenso gut wie jede andere. Wir fuhren etwa eine Meile, kamen aber nirgendwo an. Nach etwa zwei weiteren Meilen begann ich, meine Entscheidung anzuzweifeln. Einen Moment lang blickte ich nach links, aber dort war lediglich die Dunkelheit.

»Dort drüben«, rief Hannah plötzlich aus. »Ich sehe ein Licht dort drüben. Vielleicht gibt es da ein funktionierendes Telefon. Oder man kann uns zumindest sagen, wo wir sind.«

Ich blickte nach vorne. Und tatsächlich konnte ich etwa eine Meile entfernt ein Licht erkennen. Ein einziges, einsames Licht, das hell inmitten vom Nichts leuchtete.

Die Haare an meinen Armen stellten sich auf, und ich bekam eine Gänsehaut. Ich schaute kurz zu Hannah hinüber und sah dann zum Licht. *Ich kannte dieses Licht*.

Mit jeder Sekunde kamen wir näher heran, und nachdem wir über einen kleinen Hügel gefahren waren, befand sich das Licht schließlich direkt vor uns.

»Dort ist ein Gebäude«, sagte Hannah. »Mit einem Schild auf dem Dach.« Sie starrte durch die Windschutzscheibe. »Ich kann nicht erkennen, was darauf steht.«

Mir lief es heiß und kalt den Rücken hinunter.

»Dort steht ›Das Café der Fragen‹«, antwortete ich.

Sie sah mich an. »Wow, Sie haben wirklich gute Augen. Ich kann es nicht lesen.«

Ich nickte und fragte mich, was gerade geschah und wo ich eigentlich war.

Café

8 Die Glocken an der Innenseite der Tür kündigten unsere Ankunft an. Damit brandete eine Flut von Erinnerungen auf mich ein. Die rot gepolsterten Sitze, die verchromten Barhocker … ich ließ meine Hand über den hohen Tisch mit der Kasse gleiten.

Hannah wandte sich mir zu. »Es duftet gut hier drinnen.«

Ich nickte.

»Es duftet nach Erdbeerkuchen«, sagte sie.

»Erdbeer-Rhabarber, um genau zu sein«, erwiderte ich. Dann fügte ich rasch hinzu: »Glaube ich jedenfalls.«

Im Restaurant war es still.

Hannah wandte sich mir erneut zu. »Ich schaue mal, wo die Toiletten sind.«

»Sie sind in dem …«, begann ich und deutete in die Richtung, in der sie sich befanden. »Ich meine, sie sind wahrscheinlich dort hinten.«

Sie sah mich an, als würde ich mich seltsam verhalten, was ja auch der Fall war.

»Okay.«

Sie suchte die Toiletten auf, und ich ging ein paar Schritte weiter ins Café hinein. Neben mir befand sich eine Sitznische, in der ich bereits zweimal gesessen hatte. Beide Male hatte es die Art und Weise verändert, wie ich das Leben betrachtete. Beide Male hatte ich mich gefragt, ob ich das Café jemals wiedersehen würde, nachdem ich von dort fortgegangen war.

»Du kannst dich setzen, wenn du möchtest«, sagte eine Stimme.

Ich wandte mich der Stimme zu. Eine weitere Flut von Erinnerungen und Emotionen durchströmte mich.

»Hallo, Casey.«

9 »Du hast dieses Mal einen Gast mitgebracht.«

Ich sah Casey in die Augen. Sie hatte sich nicht verändert. Ihr Lächeln, ihre warmherzige Ausstrahlung, ihre Authentizität … alles war noch da. Und obwohl mehr als zehn Jahre vergangen waren, seitdem ich sie das letzte Mal gesehen hatte, sah sie so aus, als wäre sie keinen Tag älter geworden.

»Ja«, antwortete ich. »Sie hat sich verirrt, und ich versuche, ihr zu helfen.«

Ich hörte auf zu sprechen. Es war wieder vollkommen still. Ich ließ meinen Blick durch das Café schweifen und sah dann wieder zu Casey. Ich konnte es nicht glauben. Ich war wieder da. Aber warum?

»Du bist heute Abend sehr elegant gekleidet«, bemerkte sie und deutete mit dem Kopf auf meinen Anzug.

»Ich war auf einer Beerdigung«, erklärte ich. »Das

ist für mich mittlerweile so ziemlich der einzige Grund, einen Anzug zu tragen.«

Casey nickte und sah dann an mir vorbei. »Dein Gast ist zurück.«

Hannah ging den Gang entlang und kam auf uns zu. Dabei sah sie sich im Café um.

»Ich kann nicht glauben, dass ich bisher noch nie von diesem Ort gehört habe«, sagte sie. »Ich habe mein ganzes Leben in dieser Gegend verbracht, aber niemand hat ihn je erwähnt.«

Casey deutete freundlich auf die Sitznische. »Setzt euch doch bitte, ihr beiden. Was kann ich euch zu trinken bringen?«

Hannah senkte ihren Blick. »Vielen Dank«, erwiderte sie. »Ich möchte eigentlich nichts.«

Ich sah zu ihr, und in dem Licht fiel mir zum ersten Mal auf, dass ihre Kleidung ziemlich abgetragen war.

»Haben Sie hier ein Telefon?«, fragte Hannah.

Casey schüttelte den Kopf. »Nein, die Leitungen sind tot, wegen des Unwetters. Aber ich glaube, das Telefon wird bald wieder funktionieren. Normalerweise ist es so. Wartet deine Familie auf dich?«

»Nicht wirklich«, antwortete Hannah.

Ich stand immer noch da, weil ich mir nicht sicher war, was ich tun sollte. Ich war zurück im Café und wollte bleiben. Mittlerweile kam es mir nicht mehr so dramatisch vor, wenn ich meinen Flug verpasste. Ich konnte am nächsten Morgen einen Flieger nehmen. Aber ich fühlte mich für Hannah verantwortlich und hatte ihr schließlich versprochen, sie nach Hause zu fahren.

»Wenn ihr wollt, könnt ihr eine Weile hier sitzen, bis das Unwetter vorbei ist«, schlug Casey vor.

Hannah sah mich fragend an, und ich sagte achselzuckend: »Es ist deine Entscheidung. Ich habe dir versprochen, dich mitzunehmen. Wir können also weiterfahren, wenn du möchtest. Oder wir schnappen uns einen Platz und warten etwas, bis das Unwetter vorbeigezogen ist.«

Sie antwortete nicht.

»Ich bezahle die Rechnung, wenn wir hierbleiben«, fügte ich hinzu. »Ich würde wohl immer noch unter der Brücke stehen und nach den Radmuttern suchen, wenn du nicht gewesen wärst.«

Sie hob den Blick etwas und lächelte zögernd.

Wir standen alle noch einen Moment lang herum, dann sagte sie schließlich: »Okay, wir können uns hinsetzen.«

Casey strahlte über das ganze Gesicht. »Wunderbar. Ich lasse euch erst einmal in Ruhe Platz nehmen. Wie wäre es unterdessen mit ein paar Getränken?«

»Wasser mit Zitrone wäre toll«, antwortete ich und ließ mich in der Sitznische nieder.

Hannah blickte zu Casey. »Haben Sie süßen Tee?«

Casey lächelte. »Ist es das, was du willst?«

Hannah nickte.

»Dann haben wir das.«

Hannah sah Casey fragend an und setzte sich dann auf ihre Seite der Sitznische. Casey deutete mit dem Kopf auf einige Speisekarten in einem Ständer auf dem Tisch. »Ich gebe euch etwas Zeit, damit ihr euch diese genau ansehen könnt, und bin gleich wieder bei euch, um eure Bestellung aufzunehmen.«

10 Ich nahm eine Speisekarte aus dem Ständer. Doch als ich die Rückseite betrachtete, war die Schrift unscharf und verschwommen. Etwas genervt schüttelte ich meinen Kopf. Dann hielt ich die Karte weit von mir entfernt und neigte sie, sodass das Licht heller darauf schien.

»Was tun Sie da?«, fragte Hannah.

»Ich lese die Rückseite der Speisekarte.«

»Warum halten Sie sie so weit weg?«

»Weil ich sie sonst nicht lesen kann«, erwiderte ich mit einem etwas verärgerten Unterton. Sofort tat es mir leid, dass ich ihr so geantwortet hatte. Schließlich konnte sie nichts dafür, dass ich eigentlich eine Lesebrille brauchte.

Ich sah wieder auf die Karte.

Warum bist du hier?
Hast du Angst vor dem Tod?
Führst du ein erfülltes Leben?

Da waren sie. Drei kleine Fragen. Klein in der Hinsicht, wie viele Wörter sie enthielten. Riesig in Bezug darauf, was sie fragten.

»Nanu, da stehen ja Fragen auf der Rückseite der Karte.« Hannah hatte mich beim Lesen beobachtet und ihre Speisekarte ebenfalls umgedreht.

Sie betrachtete ihre Karte erneut und beugte sich dann etwas nach vorne, sodass sie meine sehen konnte. »Das ist sehr seltsam.«

»Was denn?«

»Auf den Karten stehen unterschiedliche Fragen.«

Sie kniete sich auf ihre Sitzbank, schnappte sich drei Speisekarten vom Nachbartisch und legte sie vor sich hin.

»Mal sehen, was auf diesen draufsteht.«

Ich beobachtete sie, als sie die Karten umdrehte.

»Auf dieser steht … Nanu!«, rief sie überrascht aus. »Das ist sehr eigenartig.«

Sie deutete auf die Karte. »Ich hätte schwören können, dass hier vor einer Sekunde noch etwas anderes zu lesen war. Aber jetzt steht dasselbe da wie auf der ersten Karte, die ich mir angesehen habe.«

Sie nahm eine der anderen Speisekarten zur Hand, die sie vom Nachbartisch geholt hatte. Die Überraschung konnte man ihr förmlich vom Gesicht ablesen. Sie sah mich an. »Haben Sie …?«, sie hielt inne. »Haben Sie das gesehen?«, fragte sie mich zögernd.

Sie drehte die Karte wieder zur Vorderseite und ließ sie auf den Tisch fallen. Einen Moment später klappte sie sie erneut um. Ich sah, wie die Buchstaben sich auflösten und wieder auftauchten.

»Ist alles okay bei euch?«

Casey war zu unserem Tisch zurückgekehrt und stellte unsere Getränke ab.

»Sieht so aus, als würdet ihr euch mit der Karte vertraut machen«, sagte sie schmunzelnd.

»Ich denke, bei dir ist es eine ganze Weile her«, fügte sie an mich gewandt hinzu. »Wir haben heute ein zusätzliches Tagesgericht. Ein Zackenbarsch-Sandwich à la Reuben. Es steht nicht auf der Karte.«

Hannah sah mich unentschlossen an.

»Ich nehme das Tagesgericht«, antwortete ich.

»Gute Wahl«, sagte Casey. »Es wird mit weißbraun marmoriertem Roggenbrot zubereitet und mit einem Ananas-Krautsalat als Beilage serviert. Ist das so in Ordnung?«

Ich nickte zustimmend.

Casey wandte sich freundlich lächelnd Hannah zu. »Und was darf es für dich sein?«

Hannah zögerte kurz und legte die Speisekarte dann auf den Tisch.

»Bestell dir, was du willst«, forderte ich sie auf. »Als Ausgleich für die Radmuttern, du weißt schon.«

Hannah sah zu Casey auf. »Ich bekomme nichts, danke.«

Casey warf mir einen kurzen Blick zu.

»Das Spezialfrühstück ist wirklich gut«, sagte sie zu Hannah. Dann zwinkerte sie mir schelmisch zu. »Es gehört zu den Favoriten bei unseren neuen Gästen.«

Hannah schüttelte den Kopf. Dieses Mal vehementer. »Nein, für mich nichts. Danke.« Ihre Stimme klang sehr bestimmt. Der freundliche Ton darin war verschwunden.

Casey nickte langsam. »Okay.« Sie streckte Hannah ihre Hand entgegen. »Ich heiße Casey.«

Hannah schüttelte Casey die Hand jedoch nicht. »Hallo«, antwortete sie reichlich schroff.

Casey zog ihre Hand zurück. »John und ich haben uns unterhalten, als du auf der Toilette warst. Offensichtlich habt ihr beide euch etwas verirrt.«

»Er hat sich verirrt«, entgegnete Hannah. »Ich wohne hier in der Nähe. Ich kenne die Gegend. Außerdem wissen einige Leute, wo ich bin.«

Casey sah mich kurz an und wandte sich dann wieder Hannah zu. »Dann ist ja alles bestens. Ich mache mich mal an die Bestellung. Gib mir einfach Bescheid, falls du es dir anders überlegst.«

11 Hannah nahm ihr Handy vom Tisch und prüfte, ob sie Empfang hatte. Da dies nicht der Fall war, legte sie es wieder fort.

»Ist alles okay bei dir?«, fragte ich sie vorsichtig.

»Wo sind wir?«, wollte sie ungehalten wissen.

Sie war offensichtlich wütend. Ich nahm die Speisekarte zur Hand und deutete auf die Vorderseite. »Offenbar sind wir im ›Café der Fragen‹.«

»Sie haben behauptet, Sie wären wegen einer Beerdigung in dieser Gegend.«

»Deshalb bin ich tatsächlich hier.«

»Und angeblich waren Sie auf dem Weg zum Flughafen, als Ihr Reifen geplatzt ist.«

»Das stimmt.«

»Warum kennen Sie dieses Café dann? Und warum haben Sie so getan, als hätten Sie sich verirrt, obwohl Sie wussten, dass das Café hier ist?«

Ich zögerte einen Moment lang.

»Lügen Sie mich nicht an«, fügte sie hinzu. »Ich bin vielleicht erst 15, aber ich bin nicht dumm. Casey hat gesagt, es sei eine Weile her, seit Sie die Speisekarte zuletzt in der Hand hatten. Außerdem haben Sie sich seltsam verhalten, als ich diesen Ort zum ersten Mal von Weitem erblickt habe. Und Sie wussten, wo die Toiletten sind, als wir hereingekommen sind.«

Ich nickte langsam.

»Sie waren schon einmal hier«, sagte Hannah. »Warum haben Sie dann so getan, als hätten Sie sich verirrt?«

»Das ist eine lange Geschichte«, antwortete ich.

»*So* lang kann sie nicht sein«, erwiderte sie äußerst sarkastisch.

Sie war ein großartiges Mädchen. Hart im Nehmen. Gescheit. Und offensichtlich hatte sie in der Vergangenheit bereits öfter auf der Hut sein müssen.

»Das letzte Mal, als ich in dem Café war, lag es auf Hawaii«, antwortete ich zögernd. »Mir ist klar, dass das unlogisch klingt. Und um das Ganze noch verwirrender zu machen: Die Fragen, die du vor ein paar Minuten auf der Speisekarte gelesen hast, haben sich tatsächlich verändert, als du sie betrachtet hast. Jeder, der hier etwas verzehrt, bekommt seine eigenen Fragen. Zumindest, soweit ich weiß.«

»Hawaii«, wiederholte sie ungläubig.

Statt ihr zu antworten, nickte ich nur. Wie sollte ich das einer Fünfzehnjährigen bloß erklären?

»Hör mal, Mädel, ich weiß nicht, warum unsere Wege sich gekreuzt haben. Und ich weiß nicht, warum wir beide gerade jetzt hier sind. Ich kann dir lediglich sagen, dass das Essen gut ist, die Leute sehr nett sind und …«

Sie stand auf, schnappte sich ihre Jacke und steuerte auf die Tür zu.

Ich konnte es ihr nicht verdenken. Dieses ganze Erlebnis musste sie völlig verunsichern. Ich hörte, wie sie an der Eingangstür des Cafés rüttelte, um nach draußen zu gelangen. Doch diese öffnete sich nicht. Als sie noch stärker daran zog, gab die Tür schließlich nach.

»Du hast dein Handy vergessen«, rief ich ihr laut hinterher. Sie hatte es auf dem Tisch liegen lassen. Ich griff danach und hielt es hoch über meinen Kopf. Ich wollte bei ihr nicht den Eindruck erwecken, dass ich sie verfolgte.

Da ich mit dem Rücken zum Eingang des Cafés saß, konnte ich das tosende Unwetter durch die geöffnete Tür nur hören. Der Wind heulte, und es goss noch immer in Strömen.

Ich hielt das Handy weiterhin nach oben, sah mich

aber nicht um. Ich wollte sie nicht noch mehr verunsichern, als sie es schon war. Außerdem wusste ich schlicht und ergreifend nicht, was ich zu ihr sagen sollte.

Einen Augenblick später hörte ich das Geräusch von Schritten, und dann schnappte sich eine Hand das Handy von meinem ausgestreckten Arm.

12 Es schüttete wie aus Kübeln, und der Sturm war mittlerweile so stark, dass er die Regentropfen beinahe horizontal verwehte.

Hannah schob sich die Haare aus dem Gesicht. Sie versuchte ein weiteres Mal, das Seil aufzuknoten, das ihr Fahrrad im Kofferraum sicherte. In der Nähe zuckte ein Blitz, und der gesamte Kiesparkplatz wurde erleuchtet. Der darauffolgende Donner warf sie beinahe zu Boden, so gewaltig war er.

Als sie sich wieder stabilisiert hatte, probierte sie erneut, das Seil zu lösen.

»Ich kann dir helfen, wenn du möchtest.«

Hannah fuhr herum. Der Wind blies ihr die Haare wieder ins Gesicht. Sie schob sie zur Seite. Casey stand neben ihr. Der Regen prasselte auf sie beide nieder.

»Ich kann dir helfen, wenn du möchtest«, wiederholte Casey sanft.

Hannah verharrte einen Moment lang unschlüssig im Regen. »Ich bekomme mein Fahrrad nicht heraus«, sagte sie schließlich mit einem Kloß im Hals. »Ich will einfach nur weg.«

Casey stand neben ihr im peitschenden Wind, im strömenden Regen. »Bist du sicher?«, fragte sie.

Hannah zögerte, dann schüttelte sie ihre Hände aus und sagte: »Ja.« Sie wischte sich den Regen aus dem Gesicht. »Nein«, antwortete sie dann weinend. »Ich weiß es nicht.«

Unschlüssig fuhr sie sich mit der Hand über die Nase.

»Und ich weiß nicht, warum ich weine.«

Sie griff nach dem Seil, mit dem der Kofferraumdeckel des Autos festgebunden war, und rüttelte ein paarmal daran. Doch es gab nicht nach. Casey trat etwas näher an das Auto heran und knotete das Seil innerhalb kurzer Zeit auf.

Hannah griff nach ihrem Fahrrad, und Casey half ihr dabei, es aus dem Kofferraum zu heben. Einen Augenblick später stand Hannah neben ihrem Fahrrad, das sie an den Griffen festhielt, und blickte zur dunklen Straße.

»Hier ist dein Handy«, sagte Casey und reichte es ihr. »Du kannst gehen, wenn du möchtest.« Sie wartete einen Moment lang. »Aber drinnen ist es warm.

Außerdem gibt es etwas Leckeres zu essen.« Erneut zuckte ein Blitz, und gleich darauf hallte ein Donnergrollen in der Nähe wider. »Und drinnen bist du sicher. Das verspreche ich dir.«

Hannah zögerte. Ein weiterer Blitz durchzog den Himmel. Sie sah zu Casey, die mit dem Kopf in Richtung des Cafés deutete.

»In Ordnung?«, fragte Casey.

Hannah war sich immer noch nicht sicher. »Nein«, entgegnete sie unvermittelt und schnappte sich ihr Handy. Dann rannte sie mit ihrem Fahrrad zur Straße.

13 Casey ging ins Café zurück. Sie war patschnass.

Ich war aufgestanden und sah aus dem Fenster. »Wo ist sie hingelaufen?«, fragte ich Casey.

»Ich bin mir nicht sicher«, antwortete sie achselzuckend.

»Sollen wir nach ihr suchen?«

Casey schüttelte den Kopf. »Nein.«

»Ich bin gleich wieder da«, sagte sie und ging zu den Toiletten. »Ich ziehe mich um.«

Als sie an meinem Tisch vorbeikam, griff sie nach meinem Autoschlüssel und drückte eine der Fernbedienungstasten darauf. Ich hörte das Hupsignal und sah durch das Fenster, wie die Lichter für einen Moment aufleuchteten.

»Bist du sicher?«, fragte ich sie.

Casey warf den Schlüssel wieder auf den Tisch und ging weiter. »Absolut.«

Ich kehrte wieder an meinen Tisch zurück und

setzte mich. Meine Speisekarte lag immer noch dort, mit der Rückseite nach oben.

Warum bist du hier?
Hast du Angst vor dem Tod?
Führst du ein erfülltes Leben?

Alles war verschwommen.

14 »Das Zackenbarsch-Sandwich à la Reuben mit Ananas-Krautsalat?«, fragte eine Männerstimme. Eine Stimme, die ich sofort wiedererkannte, obwohl über zehn Jahre vergangen waren, seitdem ich sie zuletzt gehört hatte. Ich drehte mich rasch um.

»Schön, dass du wieder da bist, John. Du hast dir dieses Mal einen dunklen und stürmischen Abend ausgesucht.«

Lächelnd erhob ich mich. »Wie schön, dich zu sehen, Mike.«

Er erwiderte das Lächeln. »Ja, mich freut es ebenfalls.«

Im Gegensatz zu Casey sah Mike nicht genauso aus wie beim letzten Mal, als ich ihn getroffen hatte. Er war etwas gealtert. Nicht in dem Maße, wie die Jahre ihn hätten altern lassen können, aber doch ein bisschen.

»Kinder rücken die Zeit in ein neues Licht«, sagte

er. Offenbar hatte er meine Gedanken gelesen. »Die Tatsache, dass ich Emma habe, verändert alles. Sie ist mittlerweile um einiges älter geworden.«

»Das letzte Mal, als ich euch beide gesehen habe, war sie noch ein Kind.«

»Ja«, antwortete Mike. »Die Zeit schreitet voran.« Er ließ seinen Blick schmunzelnd durch das Café schweifen. »Meistens.«

Eigentlich wollte ich mich gerne mit Mike unterhalten, aber ich war abgelenkt, weil ich darüber nachdachte, wohin Hannah wohl gegangen sein mochte.

Ich blickte zum Fenster hinaus, doch draußen war es stockdunkel, und man hörte den Regen heftig herabprasseln.

»Vertraust du Casey?«, fragte Mike.

Ich wandte mich ihm wieder zu. »Ja.«

Er nickte, so als wolle er sagen: »Na, dann mach dir keine Sorgen.«

Mike stellte den Teller mit meinem Sandwich auf den Tisch. Ich wollte Casey vertrauen. Außerdem wollte ich in Ruhe dasitzen und mein Essen genießen, das wirklich köstlich duftete.

Aber Hannah war eine Jugendliche mit einem kaputten Fahrrad. Sie war im Regen und in der Dunkelheit unterwegs. Und ich war zumindest zum Teil dafür verantwortlich. Ich wünschte, sie würde hier im Café sitzen.

Mike rutschte mir gegenüber in die Sitznische. »Manchmal ist es einfach nicht der richtige Moment.«

»Das ist bestimmt richtig«, sagte ich. »Aber sie ist ein 15-jähriger Teenager und dort draußen unterwegs …«

»Vertraust du Casey?«, unterbrach mich Mike.

Ich nickte zögernd.

»Dann wird alles gut.«

Ein Teil von mir wollte sich damit nicht zufriedengeben. Woher wusste er, dass alles gut werden würde? Aber ich vertraute Casey tatsächlich. Und Mike ebenfalls.

Nach einer kurzen Pause fuhr Mike fort: »Manchmal sind wir der erste Tropfen, manchmal sind wir der letzte, und manchmal sind wir irgendetwas dazwischen.«

Ich sah ihn fragend an.

»Stell dir das Leben als einen Eimer voller Potenzial vor, John. Manchmal taucht jemand hier auf, der denkt, sein Eimer sei ziemlich leer. Jemand, der nicht viel in sich selbst oder in der Welt sieht.«

Er zuckte mit den Achseln. »Aber wenn er etwas Zeit hier bei uns verbringt, helfen wir ihm hoffentlich dabei, seinem Eimer ein paar Tropfen hinzuzufügen. Vielleicht mit einer Geschichte, einer Idee, einer bestimmten Perspektive auf das Leben … Mit irgendetwas, das ihm hilft, sein Potenzial anders zu betrachten.

Zugegeben, wenn er meint, sein Eimer sei ziemlich leer, hat er vielleicht nicht den Eindruck, dass diese paar Tropfen viel bringen. Es klingt möglicherweise eher nach einem sehr dumpfen PLOPP, wenn sie hineintropfen.

Aber das ist in Ordnung. Denn wir alle müssen irgendwo anfangen. Und mit der Zeit – wenn dieser Mensch offen dafür bleibt – werden weitere Tropfen in seinen Eimer fallen, die sich allmählich summieren.«

»Vielleicht begibt er sich sogar auf die Suche nach ein paar weiteren Tropfen?«, überlegte ich.

»Möglicherweise. Und hoffentlich werden all diese einzelnen kleinen Tropfen an irgendeinem Punkt so bedeutsam, dass der Potenzialeimer überläuft.«

»Und dann?«, fragte ich.

»Dann wird er ein viel großartigeres Leben führen, als er es sich anfangs je hätte vorstellen können«, antwortete Mike.

Er wartete einen Moment lang, um das Gesagte etwas wirken zu lassen. Dann deutete er mit dem

Kopf auf die Dunkelheit draußen. »Wir haben keine Kontrolle darüber, welcher Tropfen wir im Leben eines anderen Menschen sind.«

»Wahrscheinlich habe ich gedacht, dass Hannah hier etwas Zeit verbringen sollte«, sagte ich. »Es geht mir nicht gut mit der Vorstellung, dass sie den platten Reifen hatte und unter der Brücke festhing, nur um als Katalysator für meine Rückkehr ins Café zu dienen. Und im Gegenzug dafür bekommt sie auf dem Nachhauseweg nichts als einen langen Marsch in der Dunkelheit durch den Regen.«

Mike nickte verständnisvoll. »Manchmal läuft es einfach nicht so, wie wir es gerne hätten.«

15 Hannah stand dicht an eine Seitenwand des Cafés gedrängt. Sie befand sich unter einem kleinen Dachvorsprung, der sie etwas abschirmte, doch die Windböen trieben ihr immer wieder Regen ins Gesicht. Die Tropfen kamen so schnell angeschossen, dass sie sogar etwas wehtaten.

Nachdem sie vor Casey davongelaufen war, hatte sie ein paar Hundert Meter auf der Straße zurückgelegt. Doch angesichts ihrer misslichen Situation überwand sie schließlich ihre Angst. Sie wusste, dass es dumm war, weiter auf einer Straße entlangzugehen, die sie nicht kannte, in eine Richtung, die sie vielleicht nirgendwohin führte.

Daher hatte sie sich zum Café zurückgeschlichen, nachdem sie sich versichert hatte, dass Casey wieder reingegangen war, und hatte sich in der Dunkelheit an der Hauswand Schutz gesucht.

Sie hatte kurz einen Blick durch eins der vorderen

Fenster des Cafés geworfen. John saß an einem Tisch und unterhielt sich mit einem Mann, den sie zuvor nicht gesehen hatte. Es wirkte so, als würden die beiden sich kennen.

Sie war wütend wegen all dieser Dinge. Warum hatte John so getan, als hätte er sich verirrt? Offensichtlich war er bereits in diesem Café gewesen. Sie hasste es, wenn Leute sie belogen. Und sie hasste es, dass die Welt voller Lügner war.

Sie griff in ihre Tasche und holte das wenige Geld heraus, das sie dabeihatte. Drei Dollar. Sie überlegte, ob sie ihren Mut zusammennehmen, wieder ins Café hineingehen und sich alleine an einen der Tische setzen sollte. Vielleicht reichten die drei Dollar, um irgendetwas dafür zu bekommen. Sie war wirklich hungrig. Vielleicht würde John nach wie vor für ihr Essen bezahlen, so wie er es angeboten hatte.

Aber sie wollte nicht wieder hineingehen. Sie konnte ihm nicht vertrauen, und da er die Leute in dem Café kannte, konnte sie auch ihnen nicht vertrauen.

Sie wusste nicht, was sie tun sollte. Während sie so dastand, peitschte ihr der Regen ins Gesicht, und sie spürte die kalte Luft. Sie fühlte sich elend, und je länger sie darüber nachdachte, desto wütender wurde sie.

Warum hatten andere Menschen es so viel besser als sie? Womit hatte sie dieses Leben nur verdient?

16 Mike hatte sich umgedreht und sah durch das Fenster in die Dunkelheit hinaus. So als hätte er draußen etwas erspäht. Doch dann wandte er sich wieder mir zu. »Wie schmeckt dir das Sandwich à la Reubens?«

Ich schluckte den Bissen hinunter, den ich gerade im Mund hatte, und antwortete strahlend: »Es ist fantastisch. So wie das gesamte Essen. Es ist jedes Mal hervorragend, wenn ich hier bin.«

»Wir sind stets bestrebt, unsere Gäste zufriedenzustellen.«

Mike deutete mit dem Kopf auf meinen Teller mit dem Ananas-Krautsalat. »Dieses Rezept habe ich aus Hawaii mitgebracht«, sagte er schelmisch schmunzelnd. »Warst du schon einmal dort?«

Ich nickte bestätigend, während meine Gedanken zu meinem zweiten Besuch im Café zurückflogen. Damals lag es auf Hawaii, wie Mike wusste. »Es gehört sogar zu den tiefgreifendsten Erfahrungen meines Lebens.«

Mike schmunzelte erneut und wollte kurz darauf wissen: »Und was führt dich in diesen Teil der Welt?«

»Eigentlich eine Beerdigung. Mein Patenonkel ist verstorben.«

»Es tut mir leid, das zu hören. Standet ihr euch nahe?«

»Ich habe ihn eine ganze Weile nicht gesehen. Wir hatten aber ein enges Verhältnis, als ich ein Kind war.«

»Seid ihr nicht in Kontakt geblieben?«

Ich schüttelte den Kopf. »Er war der Cousin meines Vaters. Und außerdem fünf oder sechs Jahre älter als dieser. Der Altersunterschied zwischen uns war daher sehr groß. Als ich mit dem Studium begann, haben wir uns anfangs noch geschrieben. Dann war ich viel mit Lernen beschäftigt und habe auf seine Briefe nicht immer geantwortet.«

Ich zuckte mit den Achseln. »Nach meinem Hochschulabschluss bin ich nie mehr dauerhaft nach Hause zurückgekehrt. Damals bin ich häufig umgezogen und habe meine neue Adresse jeweils nur wenigen Leuten geschickt. Daher habe ich letztlich den Kontakt zu ihm verloren.«

Seufzend fügte ich hinzu: »Bei der Beerdigung

habe ich darüber nachgegrübelt, ob er überhaupt wusste, wie dankbar ich dafür bin, dass er ein Teil meines Lebens war. Wenn man jünger ist, betrachtet man die Dinge manchmal einfach nicht aus derselben Perspektive.«

Ich hielt inne. »Bis man zu einer Beerdigung geht und erkennt, dass es zu spät ist.«

Ich zögerte wieder und ließ meinen Blick durch das Café schweifen. »Versteh mich bitte nicht falsch, Mike. Ich bin glücklich, wieder hier zu sein. Aber ich bin etwas verwirrt. Wenn es nicht meine Aufgabe war, Hannah zum Café zu bringen, warum bin ich dann hier?«

»Sag du es mir«, erwiderte Mike achselzuckend.

Ich schüttelte den Kopf. »Ich weiß es nicht. Alles ist in Ordnung. Ich …«

Ich stockte. Bei meinem ersten Cafébesuch hatte ich mich lange mit Casey darüber unterhalten, dass ich mir ein Leben wünschte, das mehr als nur »in Ordnung« war.

Blitzartig kehrte die Erinnerung an dieses Gespräch zurück.

Mike sah mir an, dass ich angestrengt nachdachte. »Es ist also alles *in Ordnung*?«

Zögernd antwortete ich: »Ich glaube, ich habe in der letzten Zeit mit manchen Dingen gehadert. Die

Teilnahme am Begräbnis hat das lediglich deutlicher gemacht.«

Mike hörte mir schweigend zu.

Ich schüttelte bedächtig den Kopf. »Die besten Erinnerungen an meinen Patenonkel stammen von den Ausflügen, zu denen mein Vater mich mitgenommen hat.

Mit von der Partie waren mein Vater, mein Patenonkel sowie drei andere Männer in ihrem Alter. Und ich. Jedes Jahr machten wir zwei oder drei solcher Ausflüge. Wir waren immer irgendwo draußen in der Natur unterwegs.

Im Grunde waren es die Ausflüge der Männer. Für sie war es eine Möglichkeit, aus dem Büro rauszukommen und etwas zu tun, das sie begeisterte. Ich war lediglich das Kind, das mitfahren durfte. Wir waren jeweils etwa fünf Stunden lang mit unserem uralten Van unterwegs, um unser Ziel zu erreichen. Wir angelten und zelteten ein paar Tage und fuhren dann wieder zurück.«

»Das klingt toll«, meinte Mike.

»Ja, das war es. Es waren schöne Ausflüge.« Ich machte eine Pause. »Und es waren gute Kerle.« Schmunzelnd fügte ich hinzu: »Durchaus *meinungsstark*. Daran kann ich mich gut erinnern. Damals gab es die ganze heutige Technologie noch nicht, deshalb unterhielten sie sich während der Fahrt die ganzen fünf Stunden lang. Sie sprachen über alle erdenklichen Themen.

Doch obwohl sie eine klare Meinung hatten, wussten sie, wann man ein Thema beenden musste. Und wie man den anderen subtil eine andere Perspektive vermittelte.

Es waren coole Typen«, fügte ich hinzu. »Stets bereit, zuzupacken und sich um etwas zu kümmern, wenn eine Arbeit getan oder irgendetwas erledigt werden musste. Und sie passten aufeinander auf. Auch auf mich.«

Ich wandte meinen Blick kurz ab. »Ich habe von diesen Männern viel über das Leben gelernt. Darüber, wie man das Richtige tut, selbst wenn es kein leichter Weg ist. Wie man respektvoll mit Menschen umgeht. Vor allem mit Frauen. Über den Wert der Freundschaft und des Lachens …

Bis auf meinen Vater sind all diese Männer mittlerweile verstorben, Mike«, seufzte ich. »Sie sind fort. Ich werde sie nie wiedersehen, nie mehr ihre Stimmen hören oder miterleben, wie sie sich gegenseitig aufziehen. Nur mein Vater ist noch übrig geblieben, und er altert in der letzten Zeit zusehends. Wenn er gegangen ist …«, ich stockte, »wenn er gegangen ist, werde ich der Nächste sein, der gehen wird.«

Mike lächelte sanft. »Ich bin sicher, dass dir noch viele Jahre bleiben, John.«

»Ich hoffe, das stimmt. Aber auch ich werde älter. Ich bin jetzt über fünfzig.« Ich schüttelte meinen Kopf. »Es ist mehr als zwanzig Jahre her, dass ich dieses Café zum ersten Mal entdeckt habe, Mike. Es ist so schwer, das zu glauben. Es kommt mir so vor, als wäre es gestern gewesen.«

Ich seufzte erneut. »Ich weiß auch nicht. Als ich das erste Mal hierherkam, war ich orientierungslos. *Vollkommen* orientierungslos. Aber dann habe ich diesen Ort hier gefunden, und als ich ihn wieder verließ, hatte ich eine völlig andere Perspektive. Ich habe so viel verändert. Ich habe so viele Dinge für mich selbst entdeckt.

Als ich das Café auf Hawaii wiederfand, lief alles so gut. Ich dachte, ich wäre mir über alles im Klaren.«

Ich blickte auf die Speisekarte.

Warum bist du hier?
Hast du Angst vor dem Tod?
Führst du ein erfülltes Leben?

Alles war verschwommen.

»Und jetzt?«, fragte Mike.

»Ich weiß es nicht. An vielen Tagen fühle ich mich wieder ziemlich orienticrungslos.«

Mike ließ zu, dass wir eine Weile schweigend dasaßen. »Vielleicht bist du hier, um wieder ein paar Dinge für dich zu klären.«

Ich nickte. »Hoffentlich.«

17 Mike und ich saßen immer noch am Tisch und unterhielten uns, als ich leise Schritte hinter mir hörte. Mike sah mit einem Lächeln auf.

Einen Moment lang dachte ich, Hannah wäre vielleicht ins Café zurückgekommen. Ich drehte mich um, doch sie war es nicht. Es war eine junge, etwa zwanzigjährige Frau.

»Hi John«, sagte sie und streckte mir ihre Hand entgegen. »Es ist schön, dich wiederzusehen.«

Hektisch kreisten die Gedanken in meinem Kopf, als ich versuchte herauszubekommen, wer sie war. Ich kannte ihre Stimme. Obwohl diese irgendwie anders klang.

»Wie läuft's denn so beim Surfen?«, fragte sie schelmisch.

Da fiel der Groschen plötzlich bei mir.

»Emma?«, fragte ich verblüfft. Ich sah zu Mike, der über beide Ohren grinste.

»Sie ist nicht mehr die kleine Surflehrerin, die du einst getroffen hast«, sagte er.

Ich wandte mich Emma zu. »Als ich dich das letzte Mal gesehen habe, warst du noch ein kleines Kind. Ein sehr nettes kleines Kind, das mir geholfen hat, Frühstück zu machen, und uns allen Surfunterricht gegeben hat.«

»Sie ist immer noch sehr nett«, warf Mike ein. »Und mittlerweile eine noch bessere Surferin. Manchmal kann ich kaum noch mit ihr mithalten.«

Emma deutete mit dem Kopf in Mikes Richtung. »Mit ihm lasse ich es gemütlich angehen. Um sein Selbstvertrauen zu fördern. Du weißt schon, wir surfen die kleinen Wellen.«

»Das ist sehr rücksichtsvoll von dir«, sagte ich lachend.

Emma sagte an Mike gewandt: »Ich muss ein paar Dinge erledigen, Dad. Brauchst du Hilfe in der Küche oder bei irgendetwas anderem?«

Mike überlegte kurz und sah durch das Fenster in die Dunkelheit hinaus. »Nein«, sagte er dann und lächelte sie an. »Danke, Coconut. Im Moment nicht.«

Schmunzelnd blickte sie zu mir. »So nennt er mich immer noch.«

»Wahrscheinlich für immer und ewig«, erwiderte ich lachend.

»Wahrscheinlich«, sagte sie und zwinkerte Mike zu.

»Ich hoffe, wir haben noch Gelegenheit, uns auszutauschen«, sagte sie zu mir gewandt. »Ich würde liebend gerne hören, wohin du gereist bist, seit wir dich das letzte Mal gesehen haben.«

Ich nickte. »Das wäre toll. Und ich würde sehr gerne wissen, wie es bei dir so gelaufen ist. Ich habe jetzt auch eine Tochter. Wie du über das Thema Erziehung denkst, interessiert mich wirklich sehr.«

»Deine Erziehung habe ich ziemlich perfekt hinbekommen«, bemerkte Mike schmunzelnd.

»Abgesehen von den paar entscheidenden Dingen, bei denen das nicht der Fall war«, erwiderte Emma lachend.

»Stimmt«, antwortete Mike. »Davon abgesehen.«

Emma sah mich an. »Ich freue mich darauf, mich mit dir zu unterhalten. Ihr beiden könnt nun eure Männergespräche fortsetzen, und ich komme später wieder, um mit dir über meinen Vater zu sprechen.«

Als Emma sich entfernte, wandte ich mich Mike zu.

»Sie ist sehr erwachsen geworden.«

»Ich weiß«, sagte Mike. »Es ist so paradox mit Kindern. Einerseits scheint es erst eine sehr kurze Weile her zu sein, dass sie winzige Wesen waren, die man auf seinen Schultern reiten lassen und abends zudecken konnte. Andererseits hat man das Gefühl, als wären sie im eigenen Leben schon immer da gewesen. Man kann es sich nicht ohne sie vorstellen.«

Er nickte mir zu. »Das empfindest du sicherlich auch so, da du mittlerweile selbst eine Tochter hast. Glückwunsch übrigens.«

»Danke. Ich bin völlig deiner Meinung. Obwohl ich auf diesem Weg noch längst nicht so weit gekommen bin. Meine Tochter ist erst acht.«

Ich zögerte. »Die Zeit ist schon etwas Seltsames, nicht wahr? Ich habe Emma nicht mehr gesehen, seitdem sie ein Kind war. Also behielt ich sie so in Erinnerung. Es ist, als wäre die Zeit stehen geblieben.

Bis zu dem Moment, als sie die Bemerkung über das Surfen machte und ich erkannte, wer sie war. In diesem Augenblick schoss die Zeit mit tausend Meilen pro Stunde vorwärts. Sie katapultierte mich von meiner Erinnerung von Emma als Kind ins Jetzt hinein.«

Ich hielt inne. »So ähnlich habe ich es heute schon einmal erlebt«, fügte ich traurig hinzu.

»Das letzte Mal, als ich meinen Patenonkel gesehen habe, war er nur ein paar Jahre älter, als ich es jetzt bin.« Ich schüttelte den Kopf. »Das ist kaum zu glauben. Und so habe ich ihn innerlich vor mir gesehen. Immer noch voller Energie und Lebenslust. Bis ich bei seiner Totenwache eintraf. Innerhalb eines Augenblicks war er plötzlich ein alter Mann geworden, dessen Leben zu Ende war.«

18 Emma ging zur Theke hinüber. Dort stand Casey, die sich trockene Kleidung angezogen hatte und nun ein paar Zuckerstreuer auffüllte.

»Ich sehe sie nicht«, sagte Emma.

»Sie ist gegangen.«

»Oh«, antwortete Emma traurig. »Ich hätte mich so gerne mit ihr unterhalten. Wird sie zurückkommen?«

»Dieser Entscheidungsprozess ist noch im Gange«, erklärte Casey. Sie klopfte Emma sanft auf die Schulter. »Manchmal ist einfach nicht der richtige Moment.«

* * *

Draußen stand Hannah immer noch dicht an die Wand gedrängt. Sie spähte weiterhin durch die vorderen Fenster ins Café hinein und sah, dass Casey zurückgekommen war. Sie war mit irgendetwas hinter der Theke beschäftigt. Außerdem befand sich noch eine weitere Person in dem Café. Eine junge Frau, die etwas älter als Hannah selbst war, allerdings nicht viel älter.

Offenbar kannten sich alle.

Irgendetwas sagte Hannah, dass sie sich mit der jungen Frau unterhalten sollte. Sie wusste nicht, warum. Schließlich kannte sie sie nicht.

Erneut dachte Hannah kurz über die Möglichkeit nach, ins Café hineinzugehen. Die Temperatur war gesunken, und mittlerweile fror sie. Ihr war klar, dass dies auch nicht besser werden würde, wenn sie einfach an ihrem Platz stehen blieb.

Doch abermals verwarf sie die Idee. Sie gehörte nicht dazu. Und die anderen wollten sie auch nicht bei sich haben. Wenn sie es gewollt hätten, wären sie rausgekommen, um sie zu suchen.

Doch in dem Moment, in dem sie das dachte, wusste sie bereits, dass es nicht stimmte. Casey hatte im Regen gestanden und sie aufgefordert, mit ins Café hineinzugehen. Sie hatte sie mehr als einmal dazu ermuntert.

Warum hatte sie nicht einfach Ja gesagt? Es wäre so einfach gewesen. Aber nun wollte sie nicht angekrochen kommen. Sie wäre sich zu blöd dabei vorgekommen.

Der Wind peitschte, und sie schlang die Arme um ihre Schultern. Sie war nass, ihr war kalt, und sie fühlte sich elend.

Als sie zum Parkplatz sah, erblickte sie Johns Auto. Es stand nicht sehr weit von ihr entfernt. Es war in einem Bereich geparkt, der nicht hell beleuchtet war. Vielleicht war es offen. Vielleicht konnte sie sich darin verstecken – wenigstens bis es aufhörte zu regnen.

Sie lehnte ihr Fahrrad unter dem Dachvorsprung gegen die Wand. Hier stand es wahrscheinlich sicher. Dieser Teil des Cafés war kaum einsehbar. Und wer würde außerdem bei diesem Wetter schon draußen unterwegs sein?

Während sie die vorderen Fenster beobachtete, um sicherzugehen, dass niemand sie sah, schlich sie sich vorsichtig zum Auto.

19 Mike und ich hatten eine Weile schweigend dagesessen. »Gibt es noch etwas, das dich abgesehen von der Beerdigung deines Patenonkels beschäftigt, John?«

»Wie meinst du das?«

»Jemanden zu verlieren ist nie einfach. Vor allem, wenn es ein Mensch ist, der einem nahesteht. Aber ich habe den Eindruck, als wäre dies möglicherweise nicht das erste Mal, dass dich in der letzten Zeit etwas belastet.«

Ich schüttelte den Kopf. »Ich weiß nicht, was es ist. Es ist, als wäre plötzlich etwas in Bewegung. Mein erster Besuch hier hat alles für mich verändert. Ich habe mein Leben radikal neu ausgerichtet und war begeistert davon.

Jahrelang habe ich abwechselnd jeweils ein Jahr gearbeitet und eins mit Reisen verbracht. So habe ich es gehalten, als ich dich das letzte Mal gesehen habe. Ein paar Jahre später wurde ich dann Vater, und plötzlich ging es nicht mehr nur um mich. Alles drehte sich darum, sich um jemand anderen zu kümmern.«

Ich zuckte mit den Achseln. »Bitte versteh mich nicht falsch. Ich liebe es. Ich bin *wirklich* sehr gerne Vater. Es ist das Beste, was mir in meinem Leben je passiert ist.«

»Aber es ist anders«, ergänzte Mike.

Ich nickte zustimmend. »Ein Kind zu haben macht mir irgendwie so bewusst, wie die Zeit vergeht. Wer ich bin.« Ich hielt inne. »Und wer ich nicht mehr sein kann.«

»Etwa ein 28-jähriger alleinstehender Kerl, der mit dem Rucksack um die Welt reist«, meinte Mike.

»Genau. Aber auch hier ist es nicht so, dass mir mein Leben nicht gefallen würde. Das *tut* es. Es geht lediglich darum, mich mit der Tatsache abzufinden, dass diese anderen Möglichkeiten vorbei sind – für immer … das setzt mir irgendwie zu. Und der Tod meines Patenonkels hat das in gewisser Weise beschleunigt.«

Ich zögerte etwas. »Wahrscheinlich klingt es dumm, aber als ich letzte Woche auf einer Straße entlangging, sah ich ein Liebespaar. Die beiden waren etwa in Emmas Alter. Und offensichtlich waren sie gerade in einer Phase ihres Lebens, in der sie an nichts anderes denken konnten als an den anderen.

Wie sie sich an den Händen fassten, sich ansahen, sich verhielten …

Mir wurde plötzlich bewusst, dass ich nie mehr so sein werde. Ich werde nie mehr 19 oder Anfang 20 und nicht einmal mehr Ende 30 sein. Ich werde nie mehr so eine unbeschwerte Verliebtheitsphase erleben, in der man noch keine Kinder hat.

Ich werde weder der 28-jährige Rucksacktourist sein, der in der Welt herumwandert, noch der 38-jährige Backpacker. Diese Zeiten sind endgültig vorbei.«

Mike nickte. »Warum hat dich das so stark getroffen?«

»Wahrscheinlich liegt es an einer der größten Erkenntnisse, die ich von meinem ersten Café-Besuch mitnahm. Damals wurde mir klar, dass ich selbst die Kontrolle über mein Leben habe. Meine Entscheidungen tragen zum großen Teil dazu bei, wie meine Realität aussieht.

Aber ich kann deshalb nicht einfach beschließen, jünger zu sein. Wenn ich die Zeitachse meines Lebens betrachte, stelle ich fest, dass ich näher an 75 als an 25 bin. Und egal, was ich tue, es gibt keinen Weg zurück.«

»Würdest du denn zurückgehen, wenn du es irgendwie könntest?«, fragte Mike.

Ich zögerte. Das Café gehörte zu den Orten, an denen man sich gut überlegen musste, wie man eine solche Frage beantwortete.

»Nicht, wenn ich dadurch riskieren würde, irgendwo anders zu landen, als dort, wo ich jetzt bin. Wenn es bedeuten würde, dass ich diesen Ort vielleicht nie finden würde. Oder die Welt nicht bereisen und keine Familie haben würde.«

»Na, das klingt so, als hättest du alles richtig gemacht«, sagte Mike.

Ich betrachtete die Speisekarte, die auf dem Tisch lag, und las die erste Frage.

Warum bist du hier?

Ich deutete mit dem Kopf darauf. »Wahrscheinlich dachte ich einfach, ich hätte diese Frage beantwortet. Aber mittlerweile bin ich mir nicht mehr so sicher.«

»Es klingt so, als hättest du sie damals *tatsächlich* beantwortet«, erwiderte Mike. »Aber wir verändern uns. Und vielleicht bist du gerade in einer Situation, in der du die Möglichkeit hast, sie erneut zu beantworten. In dieser neuen Lebensphase.«

»Wahrscheinlich«, antwortete ich zögernd. »Wahrscheinlich gibt es Zeiten, in denen ich wünschte … in denen ich wünschte, ich wäre jünger.«

20 »Ich wünschte, ich wäre älter«, murmelte Hannah vor sich hin. »Ich wäre so gerne älter! Dann müsste ich nicht länger mit diesem blöden Fahrrad unterwegs sein. Ich wäre unabhängig und ich hätte meine Freiheit …«

Sie war zu Johns Auto geschlichen und hatte alle Türen ausprobiert. Sie waren verriegelt. Daraufhin hatte sie sich neben der Hintertür auf der Beifahrerseite zusammengekauert, um sich zu überlegen, was sie nun tun sollte.

Sie dachte wieder daran, wie Casey sie dazu aufgefordert hatte, mit ins Café hineinzugehen.

»Wie dumm von mir«, sagte sie zu sich selbst. »Ich hätte ihre Hilfe annehmen sollen.«

Aus lauter Frust zog sie erneut heftig am Griff der Autotür. Sie tat das nicht, weil sie glaubte, dass die Tür sich öffnen würde. Das würde nicht geschehen. Schließlich hatte sie es bei allen Türen gerade erst probiert, und sie waren alle abgeschlossen gewesen.

Allerdings war die Tür jetzt nicht mehr verschlossen. Sie spürte, wie der Griff etwas nachgab, und hörte das Schloss leise klicken. Sie erstarrte. Wie um alles in der Welt war das möglich? Sie war sich sicher, dass die Tür kurz vorher noch abgeriegelt gewesen war.

Einen Moment lang verspürte sie ein Gefühl der Panik. War es hier sicher? Doch der Wind blies wieder in heftigen Böen, und aufgrund ihrer nassen Kleidung durchdrang die Kälte sie durch und durch.

Jetzt war die Tür jedenfalls aufgesperrt. Wie das geschehen war, wusste sie nicht, aber wenn sie weiterhin wartete, würde sich die Tür vielleicht wieder verriegeln. Sie war bereits in Autos mitgefahren, die mit einer solchen Funktion ausgestattet waren.

Nachdem sie rasch einen Blick durch die Fenster des Cafés geworfen hatte, um sich zu vergewissern, dass niemand sie sah, öffnete sie die Tür vorsichtig und krabbelte auf den Rücksitz.

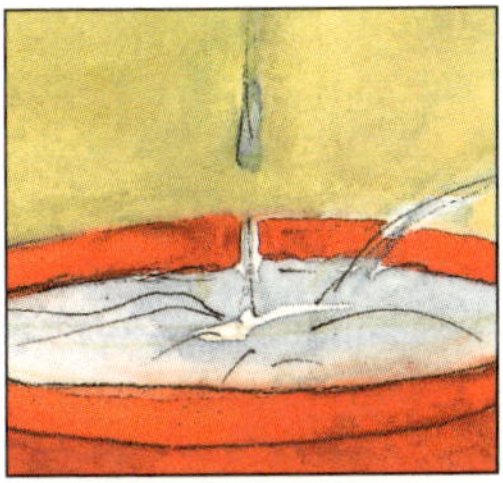

21 Emma half Casey gerade dabei, die Zuckerstreuer aufzufüllen, als diese unvermittelt schmunzelte und ihre Arbeit kurz unterbrach.

»Was ist?«, fragte Emma.

»Ein Tropfen im Eimer«, erklärte Casey und schraubte dann den Deckel auf den letzten Zuckerstreuer.

»Falls du noch irgendetwas zu erledigen hast, solltest du vielleicht jetzt damit anfangen«, fügte sie hinzu und ergänzte mit einem Lächeln: »Ich habe so eine Ahnung, dass du später beschäftigt sein wirst.«

»Du meinst …?«, fragte Emma.

»Ich glaube schon«, bestätigte Casey. »Wir müssen mal sehen.«

»Großartig«, jubelte Emma und strahlte über das ganze Gesicht. Dann sammelte sie die Zuckerstreuer ein. »Ich bringe diese in die Küche und kümmere mich um meine anderen Aufgaben. Du gibst mir dann Bescheid.«

Casey nickte. »Es ist an der Zeit, ein paar Dinge anzustoßen.«

22 »Hallo Fremder«, sagte Casey scherzend, als sie zu dem Tisch kam, an dem ich mit Mike saß.

Mike rutschte auf seiner Bank zur Seite, und sie nahm neben ihm Platz.

»Es tut mir leid, dass ich bisher keine Gelegenheit hatte, mich zu dir zu setzen und mit dir zu unterhalten, John. Ich habe noch ein paar Dinge mit Emma abgestimmt.«

Mike strahlte Casey an: »Wirklich? Glaubst du tatsächlich?«

Sie nickte. »Sieht ganz so aus.«

Ich sah Casey verwirrt an und wollte sie gerade fragen, wovon sie sprach, doch da wandte sie sich mir bereits zu und kam mir mit ihrer Frage zuvor: »Also, was habe ich verpasst?«

Da gab Mike ihr eine rasche Zusammenfassung, worüber wir beide uns unterhalten hatten.

»Du hast also das Gefühl, älter zu werden, was?«,

fragte mich Casey. »Mike geht es genauso.« Sie deutete auf seine Schläfen. »Mister Shades of Grey«, frotzelte sie.

»He«, protestierte er schmunzelnd.

Wir mussten alle miteinander lachen.

»Der Punkt ist, man weiß, dass man älter wird, aber innerlich fühlt man sich einfach nicht so viel älter«, erklärte ich. »Bis der eigene Körper oder der Rest der Welt einen daran erinnert.«

»Ist dir das etwa vor Kurzem passiert?«, neckte Casey mich.

Ich zuckte mit den Achseln. »In den letzten fünf Jahren sind mein Kumpel und ich mit unseren Familien immer in dasselbe Sommercamp gefahren. Es gibt dort ein tolles Unterhaltungsprogramm für die Kinder, und er und ich nehmen stets an einem Volleyballturnier teil.«

»Das ist dein Lieblingssport, wenn ich mich recht erinnere«, warf Mike ein.

»Das stimmt. Und jedes Jahr haben wir ziemlich souverän gewonnen. Letztes Jahr war es dann recht knapp. Wir haben ein paar Studenten geschlagen, aber es war nicht leicht. Und ich musste mir zwangsläufig selbst eingestehen, dass die anderen jedes Jahr etwas besser wurden und wir etwas älter. Und eines Tages würde sich das Blatt wenden.«

»Und dieses Jahr war es so weit, nehme ich an«, sagte Casey schmunzelnd.

»Genau so war es. Aber was der Bruder meines Kumpels uns nach dem Abendessen erzählte, streute noch zusätzlich Salz in unsere Wunden. Die Jungs, die uns besiegt hatten, saßen danach mit ihren Freunden im Café und unterhielten sich über uns. Sie überlegten: ›Was meint ihr, wie alt die beiden Typen sind?‹ Darauf antwortete einer von ihnen: ›Ich weiß es nicht, aber ich hoffe, dass ich überhaupt noch spielen kann, wenn ich *so alt* bin.‹«

»Aua!«, sagte Mike lachend. »Das tut weh.«

»Es tat wirklich weh«, bestätigte ich. »Mir ist natürlich bewusst, dass ich schon lange nicht mehr im Studentenalter bin. Aber solche Momente erinnern einen daran, wie andere einen tatsächlich wahrnehmen.«

»Aber es bedeutet nicht, dass du mit dem Volleyballspielen aufhören musst«, entgegnete Mike.

»Oder mit dem Surfen, dem Fahrradfahren oder Joggen …«, fügte Casey hinzu.

»Ich weiß. Ich habe auch vor, so lange zu spielen, bis ich es wirklich nicht mehr kann. Aber manchmal ist es schon schwierig. So wie ich es dir vorhin gesagt habe, Mike. Es ist hart, wenn man erkennt, dass man nie mehr 20 sein wird.«

»Das stimmt«, pflichtete Mike mir bei.

Mir fiel auf, dass Casey die Speisekarte auf dem Tisch betrachtete, und ich folgte ihrem Blick.

Warum bist du hier?
Hast du Angst vor dem Tod?
Führst du ein erfülltes Leben?

»Was denkst du gerade?«, fragte ich sie.

»Hast du deine Rollen gut ausgefüllt, John?«, erwiderte Casey.

»Meine Rollen?«

»Als du von hier fortgegangen bist, um als Reisender die Welt zu erkunden: Hast du diese Rolle da gut ausgefüllt? Bist du vollkommen darin aufgegangen? Hast du sie mit all deinen Möglichkeiten gänzlich ausgeschöpft?«

Ich überlegte. Erinnerungen an meine Reisen schossen mir blitzartig durch den Kopf. Lächelnd dachte ich an Kajaktouren auf Flüssen im Amazonasbecken. An Ausritte auf Elefanten im Dschungel Südostasiens. An eine verrückte Aktion, bei der ich gemeinsam mit Freunden den Hang eines Vulkans mit dem Schlitten hinabgefahren war … Ich hatte Tausende solcher Erinnerungen.

»Ja«, antwortete ich daher nach einer kurzen Weile. »Das habe ich.«

Mike betrachtete ebenfalls die Speisekarte. Dann hob er den Blick und sagte: »Diese Erinnerungen wirst du für immer behalten. Und ebenso die Erfahrungen, die du dabei gesammelt hast. An irgendeinem Punkt ist es dann an der Zeit, die nächste Rolle zu übernehmen. Denn bevor das nächste große Abenteuer beginnen kann, muss das vorige abgeschlossen sein.«

»Das muss passieren, wenn du die Rolle des älteren Kerls einnehmen willst, der beim Volleyballturnier gegen die Studenten antritt«, erläuterte Casey. »So eine Rolle muss mit Leben erfüllt werden – und zwar von einem Einundfünfzigjährigen –, damit die Zwanzigjährigen inspiriert werden.«

»Hm, da habt ihr wohl recht«, murmelte ich. »So habe ich das bisher noch nicht gesehen.«

Mike deutete mit dem Kopf wieder auf die Speisekarte. »Erinnerst du dich daran, was Casey und ich dir gesagt haben, als du das erste Mal hier warst? Dass die Menschen keine Angst davor haben zu sterben, sondern vielmehr davor, das Ende ihres Lebens zu erreichen und dann zu erkennen, dass sie eigentlich nicht richtig gelebt haben.«

Ich nickte.

»Nun, du *hast* gelebt. Du hast die Welt bereist. Bist mit Meeresschildkröten geschwommen und auf spektakulären Bergpfaden entlanggewandert, hast alte Ruinen erkundet …«

»Aber warum stehen dann dieselben Fragen auf der Speisekarte?«, bohrte ich nach.

»Es sind zwar dieselben Fragen, aber du bist mittlerweile an einem anderen Punkt in deinem Leben. Du befürchtest nicht, dass du nicht gelebt hast. Dafür hast du gesorgt. Auf eine großartige Weise. Wovor hast du nun also Angst? Warum hat dir die Beerdigung heute so stark zugesetzt?«

Ich überlegte kurz und antwortete dann: »Ich weiß es nicht.«

23 Als Mike zufällig zum Fenster hinausschaute, sah er, wie ein Auto auf den gekiesten Parkplatz fuhr. Er warf Casey einen fragenden Blick zu. »Max?«, rief er überrascht.

Sie nickte bestätigend.

»Haben wir etwas für ihn, das er …?«, begann er.

»Die Spüle in der Küche. Eine undichte Leitung«, antwortete sie schmunzelnd. »Sie begann eigentlich erst vor ein paar Stunden zu tropfen.«

Mike schmunzelte ebenfalls. »Was für eine Überraschung.«

»Gibt es ein Problem?«, fragte ich. »Ich bin nämlich ziemlich geschickt darin, Dinge zu reparieren. Auf meinen Reisen habe ich während all der Jahre häufig Reparaturarbeiten im Tausch für eine Unterkunft angeboten.«

»Perfekt«, sagte Casey. »Max ist seit einigen Jahren unsere Rettung in all den Fällen, wenn etwas gerichtet werden muss. Aber ich bin sicher, dass er deine Hilfe brauchen kann.«

Für einen kurzen Augenblick schoss mir der Gedanke durch den Kopf, dass im Café nie etwas alt oder kaputt wirkte. Doch bevor ich weiter darüber nachdenken konnte, öffnete sich die Eingangstür, und ein alter Mann kam herein. Er trug einen sehr betagt aussehenden Werkzeugkasten aus Metall in der Hand.

Er setzte den Werkzeugkasten ab, schüttelte die Regentropfen von seinem Mantel und hängte diesen dann an dem Kleiderständer neben der Tür auf.

»Hallo Max«, rief Casey ihm zu.

Als er in unsere Richtung blickte, winkte Casey ihn herbei. Er griff nach seiner Werkzeugkiste, und einen Moment später stand er an unserem Tisch. Casey erhob sich von der Sitzbank und umarmte ihn.

»Wisst ihr, dass dort ein …«, begann er und deutete auf den Außenbereich vor den Fenstern des Cafés.

»Ja, ja«, erwiderte Casey fröhlich.

»Außerdem steht dort ein blaues …«, fuhr er fort und wies mit einer Drehung auf eine Seite des Cafés.

»Genau so ist es«, unterbrach ihn Casey erneut.

»Ich könnte wahrscheinlich …«

»Genau das hoffe ich«, sagte Casey und klopfte ihm auf die Schulter.

Ich sah zu Mike. Er blickte mich mit einem schelmischen Grinsen an. »Frag mich nicht. Diese beiden haben eine ganz eigene Sprache.«

»Max, das ist John«, sagte Casey und deutete auf mich. »Er wird dir bei der Reparatur der Leitung etwas zur Hand gehen, wenn du Hilfe brauchst.«

Max musterte mich kritisch, da ihm offensichtlich der Anzug auffiel, den ich trug. »Nett, Sie kennenzulernen«, begrüßte er mich etwas barsch. »Für Klempnerarbeiten wirken Sie allerdings etwas zu schick gekleidet. Vielleicht sollte ich einfach …«

»John ist in Ordnung«, bemerkte Casey sanft und legte Max sachte die Hand auf die Schulter.

Max zuckte mit den Achseln. »Gut«, murmelte er und wandte sich dann Mike zu. »Schön, dich zu sehen, Mike. Magst du mir zeigen, wo das Problem liegt?«

»Ich freue mich auch sehr, dich zu sehen, Max«, antwortete Mike. »Casey wird dir das Leck zeigen. Denn sie ist diejenige, die …«, er machte eine Pause, »erkannt hat, dass wir deine Hilfe brauchen.«

Mike grinste Casey schelmisch an und fuhr dann fort: »Aber lass es mich wissen, solltest du irgendetwas benötigen. Und falls du Hunger hast, brauchst du mir nur kurz Bescheid zu sagen. Ich bereite dir sehr gerne etwas zu.«

24 Max lag auf dem Rücken und tastete nach den Wasserrohren unter der Spüle.

»Okay, stellen Sie das Wasser an«, forderte er mich auf.

Ich drehte den Wasserhahn auf und wartete. Max ließ seine Finger an den Rohren entlanggleiten.

»In Ordnung«, sagte er dann. »Sie können das Wasser abstellen. Ich sehe die Stelle.«

Er schob sich aus seiner Position unter der Spüle hervor.

»Ich brauche zwei Rollgabelschlüssel«, fuhr er fort. »Im oberen Fach im Werkzeugkasten.«

Das Fach war voller verschiedener Werkzeuge, aber ich fand die verstellbaren Schraubenschlüssel und reichte sie ihm.

Darauf grummelte er irgendetwas vor sich hin.

Ich war mir ziemlich sicher, dass er mich ein bisschen testen wollte, um zu prüfen, ob ich zumindest wusste, was ein Rollgabelschlüssel war.

Er drehte die Warm- und Kaltwasserleitungen ab und machte sich daran, das Rohr abzumontieren.

»Möchten Sie einen Eimer für das überlaufende Wasser haben?«, fragte ich ihn.

Erneut antwortete er grummelnd: »Ja, klar. Vielleicht hat Casey einen. Gute Idee«, fügte er etwas widerwillig hinzu.

Ich stand auf und verließ die Küche. Casey befand sich in der Nähe der Theke. Als sie mich durch die Tür kommen hörte, wandte sie sich mir zu.

»Na, wie läuft's?«, fragte sie.

Statt einer Antwort runzelte ich etwas die Stirn.

»Max ist ein Schatz«, erklärte sie mir lächelnd. »Er braucht nur eine Weile, um mit jemandem warm zu werden.«

»Ich glaube, das könnte länger dauern, als ich Zeit habe«, erwiderte ich.

Angesichts meiner Antwort schmunzelte sie. »Das wird schon. Übrigens, in der hinteren Ecke der Küche steht ein Eimer, falls ihr einen braucht. Unter dem letzten Schrank.«

Ich nickte und ging wieder in die Küche zurück.

25 Kurze Zeit später hatte der Eimer seinen Platz unter der Spüle, und Max schraubte ein größeres Rohrstück ab.

»Bist du zum ersten Mal in diesem Café, mein Junge?«, fragte er mich und ging dabei zum Du über.

»Nein, ich war bereits zweimal hier. Das erste Mal vor etwa zwanzig Jahren. Und dann noch einmal vor ein paar Jahren.«

Er stieß einen langsamen Pfiff aus. »Ich kann mir nicht vorstellen, wie das gewesen sein muss. Diesen Ort in so jungen Jahren aufzusuchen. Das muss dich auf einen großartigen Weg gebracht haben.«

Ich nickte.

»Und wie war es bei Ihnen?«, erkundigte ich mich. »Wann sind Sie zum ersten Mal hierhergekommen?«

Er unterbrach seine Arbeit und dachte einen Moment lang nach. »Vor etwa neun Jahren. An Weihnachten. Seitdem bin ich immer wieder mal zurückgekehrt. Wenn irgendetwas defekt ist, bitten sie mich, bei der Reparatur zu helfen …« Er machte eine Pause. »Doch in Wahrheit haben sie mich in viel stärkerem Maße wiederhergestellt, als ich hier jemals etwas reparieren könnte.«

Ich nickte erneut.

»Und was führt dich dieses Mal hierher zurück?«, hakte er nach und setzte seine Arbeit an der Leitung fort.

Mir fiel ein, was Mike mich gefragt hatte, während wir zusammensaßen. Warum die Beerdigung mich so hart getroffen hatte.

»Ich kämpfe mit dem Älterwerden«, erwiderte ich.

Lachend rutschte er unter der Spüle hervor. Dann schob er seine Brille nach oben und musterte mich.

»Wie alt bist du, Junge?«

»Ich bin wohl kaum noch ein Junge, Max.«

»Nun ja, du bist mindestens dreißig Jahre jünger als ich, deshalb bist du in meinen Augen immer noch ein Junge.«

Damit verschwand er wieder unter der Spüle und widmete sich erneut der Arbeit an dem Rohr. »Warum macht das Älterwerden dir zu schaffen?«

»Ich glaube, ich habe Angst, dass mir die Zeit davonrennt. Sie verstreicht so schnell, und sie wird mir

ausgehen, bevor ich eine Chance hatte, all die Dinge zu tun, die ich tun möchte.« Ich überlegte kurz. »Ich habe eine kleine Tochter. Wahrscheinlich wird mir all das jetzt noch bewusster, weil sie so schnell heranwächst.

Haben Sie Kinder?«, fragte ich Max.

Er ließ sich mit seiner Antwort lange Zeit. »Nein, diesen Teil des Lebens habe ich verpasst«, sagte er schließlich.

Er rutschte etwas unter der Spüle hervor und streckte seine Hand aus. »Ich brauche einen Schlitzschraubenzieher und eine Klemme.«

Ich kramte im Werkzeugkasten herum, bis ich die beiden Teile gefunden hatte, und reichte sie ihm. Daraufhin wandte er sich wieder dem Rohr zu.

»Man schafft nicht alles«, sagte er, nachdem wir eine Weile geschwiegen hatten. »Niemand tut das. Deshalb sollte man sich über die Dinge freuen, zu denen man kommt.«

»Wahrscheinlich haben Sie recht«, erwiderte ich.

Schweigend arbeitete er eine Weile lang weiter.

»Denk an etwas, das du gerne tust«, forderte er mich dann auf. »Nichts Großartiges, lediglich etwas, das du gerne machst.«

Ich überlegte. »Ich gehe gern ins Kino.«

»Wie oft schaust du dir einen Kinofilm an?«

»Etwa ein Mal im Monat. Vielleicht etwas seltener.«

»Nun, dann wirst du vielleicht noch dreihundert Mal in einem Kino sitzen. Danach wirst du es nie wieder tun.

Was machst du sonst noch gerne?«, hakte er nach, bevor ich über seine Antwort nachdenken konnte.

Ich zuckte mit den Achseln. »Reisen mit meiner Familie.«

»Okay, und wie häufig machst du das?«

»Mittlerweile etwa zwei Mal im Jahr«, antwortete ich.

»Prima. Es sind also noch circa sechzig dieser Reisen in deinem gesamten Leben übrig«, stellte er fest. »Und eine ganze Reihe weniger mit deiner Tochter, weil sie selbstständig sein wird, ehe du dich's versiehst.«

»Magst du Weihnachten?«, fragte er weiter.

Ich war noch damit beschäftigt, den Gedanken zu verarbeiten, dass mir nur noch so wenige Reisen mit meiner Familie blieben.

Doch er bohrte bereits nach: »Magst du Weihnachten?«

Ich dachte an meine Tochter, an den Baum, an die Geschenke und das Verzieren der Plätzchen.

»Dir bleiben weniger als dreißig«, unterbrach Max

meine Gedanken, »und lediglich vier oder fünf weitere, an denen deine Tochter noch ein Kind ist.«

Ich dachte darüber nach. Weniger als dreißig weitere Weihnachtsfeste!

»Vielleicht bekommst du ein paar zusätzlich«, fügte Max hinzu. »Man weiß es nie genau. Die Zeit, die mir noch bleibt, ist ein Geschenk. Deshalb bedeutet mir jedes Weihnachten, das ich noch erleben darf, sehr viel.«

»Was meinen Sie mit ›die Zeit ist ein Geschenk‹?«, fragte ich.

»Die meisten Männer werden nicht so alt, wie ich es bin. Im Durchschnitt sterben Männer, bevor sie mein Alter erreichen«, wiederholte er.

Max hatte das Rohr abmontiert, rutschte wieder unter der Spüle hervor und setzte sich aufrecht hin.

»Das klingt alles ziemlich deprimierend, Max.«

»Kann sein. Aber es ist die Wahrheit. Es gefällt dir vielleicht nicht. Möglicherweise fällt es dir schwer, das zu akzeptieren. Aber das spielt keine Rolle. Es ist nun mal so. Deshalb solltest du lieber jede Minute, die du zur Verfügung hast, optimal nutzen. Denn die Zeit währt nicht ewig, und die Uhr tickt, egal ob du das Beste daraus machst oder nicht.«

26 Max kramte auf der Suche nach einem Stück Rohr, das er unter der Spüle einbauen konnte, in seinem Werkzeugkasten.

»Ich glaube, was Sie ansprechen, trifft die Angst, die ich empfinde, Max. So habe ich das zwar noch nie betrachtet. Aber wie gesagt, ich merke, wie die Zeit vorbeifliegt. Und Sie haben das gerade auf einer ganz neuen Ebene bestätigt.«

»Wo ist dann das Problem?«

»Nun ja, früher war es einfacher. Ich habe endlos viel Zeit mit Dingen verbracht, die mir Spaß machten. Ich habe jeweils ein Jahr gearbeitet und bin dann ein Jahr gereist. Ich konnte mir die Zeit frei einteilen und musste – abgesehen von mir selbst – niemanden in die Planung miteinbeziehen.«

Ich zögerte. »Aber es ist nicht mehr so einfach, wenn andere Menschen von einem abhängig sind. Schlichtweg darauf zu vertrauen, dass schon alles funktionieren wird, ist gar nicht so leicht.«

»Und was bedeutet das?«, fragte Max.

»Das bedeutet, dass ich in der Arbeit einen extrem großen Einsatz bringen will. Denn wenn ich das tue, werde ich mehr Geld zur Verfügung haben und damit der Freiheit näher kommen. Doch wenn ich mich in der Arbeit so stark antreibe, fühle ich mich überhaupt nicht frei, und ich bin nicht der Vater, der ich gerne sein möchte. Ich bin mir einfach nicht mehr sicher, ob ich mich noch richtig verhalte.«

Nach kurzem Schweigen fragte Max: »Tust du dein Bestes?«

»In Bezug auf welchen Teil – ein Vater zu sein oder Geld zu verdienen?«

»In Bezug auf beides.«

Ich nickte.

»Wie viel Prozent würdest du dir zuschreiben?«

Ich sah ihn verwirrt an.

»Du hast gesagt, du befürchtest, dass du bestimmte Dinge nicht richtig machst. Machst du alles falsch? Wie viel Prozent machst du richtig?«

Ich überlegte. »Ich weiß es nicht.«

»Nenn mir eine Zahl«, forderte er mich beharrlich auf.

»Achtzig Prozent.«

»Okay. Wenn also hundert Prozent ›richtig‹ bedeuten würde, dass du dich in jedem Moment des Tages fantastisch fühlst, wie geht es dir dann bei achtzig Prozent?«

»Mir geht es nicht zu achtzig Prozent fantastisch«, erwiderte ich.

Er sah mich achselzuckend an, als wolle er fragen: »Warum nicht?«

»Wenn man die Frage so stellt, wirkt es tatsächlich ziemlich lächerlich«, sagte ich mit einem Lächeln.

Max legte sich wieder auf den Rücken, um noch mal unter die Spüle zu rutschen. »Jeder Mensch entwickelt sich ständig weiter, Junge. Aber wenn du dir Vorwürfe machst, weil du bestimmte Bereiche noch nicht gemeistert hast, dann wird es dir schwerfallen, dich weiterhin voller Begeisterung dafür einzusetzen, in diesen Bereichen besser zu werden.«

27 Max benötigte ein paar Minuten, aber schließlich hatte er das Rohr so installiert, wie er es wollte. Nachdem er es mit der Klemme befestigt hatte, rutschte er wieder unter der Spüle hervor und stand auf. In diesem Moment kam Emma in die Küche.

»Hallo Max!«, rief sie. Offensichtlich freute sie sich riesig, ihn zu sehen.

»Wie geht's dir, Mädchen?«, grummelte er in seiner typisch unwirschen Stimmlage.

Sie ging zu ihm, um ihn zu umarmen. »Besser – jetzt, wo du hier bist.«

»Na ja«, murmelte er zweiflerisch.

Trotz seines schroffen Tons bemerkte ich, wie sehr er sich darüber freute, Emma zu sehen.

Sie wandte sich mir zu. »Max ist unglaublich geschickt darin, Dinge zu reparieren.«

Ich deutete mit dem Kopf zur Spüle. »Das habe ich gerade gesehen.«

»Ich verstehe nicht, warum an einem Ort, an dem alles so neu wirkt, immer wieder etwas kaputtgeht«, brummelte er.

»Tja, ich bin froh, dass es so ist. Auf diese Weise bekommen wir dich wenigstens zu sehen«, meinte Emma lächelnd.

Ich dachte darüber nach und lächelte dann ebenfalls. »Schwer zu sagen, wer wem hilft«, sagte ich.

»Max hat nicht nur ein besonderes Händchen dafür, *Dinge* wieder in Ordnung zu bringen«, erklärte Emma, »sondern auch Menschen.«

»Aber sicher«, wandte Max sarkastisch ein. »Das kann man nun nicht gerade sagen.«

Emma griff mit der Hand in Max' Werkzeugkasten hinein, fischte eine kleine Rolle mit Klebeband heraus und hielt sie in die Höhe. Sie sah ihn mit hochgezogenen Augenbrauen an. »Ich würde sagen, es ist definitiv so.«

Ich ließ meinen Blick von Max zu Emma wandern. »Irgendwas verstehe ich hier gerade nicht.«

»Willst du es ihm erklären?«, fragte Emma an Max gewandt.

»Da gibt es nicht viel zu erklären«, entgegnete er.

Emma schmunzelte erneut. »Also gut. Da Max seinen Einfluss extrem unterschätzt, werde ich es dir erläutern. Vor Kurzem hatten wir eine Frau im Café zu Gast. Sie haderte sehr mit ihrer Situation. Hiermit«, Emma hielt das Klebeband in die Höhe, »hat Max ihr Leben vollkommen verändert.«

Ich sah sie fragend an. »Mit Isolierband?«

Emma wandte sich Max zu. »Na siehst du. Casey hat mir erzählt, du hättest nicht gedacht, dass John gut genug Bescheid weiß, um dir zu helfen. Aber ihm war sofort klar, dass dies ein Isolierband ist. Mit Werkzeugkästen kennt er sich aus.«

Max sah mich etwas verlegen an. »Ich war mir einfach nicht sicher, dass du …«, stammelte er. »Schließlich trägst du einen Anzug, verstehst du? Ich wusste nicht, ob du mir eine große Hilfe sein könntest oder wissen würdest, wie man …«

»Mach dir keine Gedanken, Max«, unterbrach ich ihn. »Wahrscheinlich hätte ich angesichts meines Aufzugs dasselbe gedacht.« Ich hielt kurz inne. »Ich war auf einer Beerdigung. Mein Patenonkel ist gestorben. Normalerweise kleide ich mich nicht so.«

28 »Tut mir leid, Junge. Das wusste ich nicht«, sagte Max.

»Ist schon in Ordnung«, erwiderte ich achselzuckend. Offensichtlich war es ihm peinlich. »Ist schon in Ordnung«, wiederholte ich. Dann deutete ich auf das Isolierband, das Emma immer noch hochhielt. »Was hat es denn mit dem Isolierband auf sich?«

»Wie gesagt, die Frau, die hierherkam, haderte mit ihrer Situation«, antwortete Emma. »Sie erzählte, sie sei verheiratet und habe zwei kleine Kinder. Davor hat sie in einem Büro gearbeitet, ihren Job allerdings gekündigt, als ihr erstes Kind zur Welt kam.«

»Womit haderte sie?«, fragte ich.

»Sie haderte, weil sie und ihr Mann früher für sich alleine waren«, erklärte Max. »Und vor ihrer Heirat war sie ganz für sich alleine.«

»Und in dieser Lebensphase war es für sie viel leichter, sich Zeit für die Dinge zu nehmen, die *sie* tun wollte«, fügte Emma hinzu. »Weil sie alleine war.«

Max nickte mir zu. »Ihre Situation ähnelte der, die du mir vor ein paar Minuten beschrieben hast.«

»Also hat Max ihr Leben verändert«, sagte Emma und tätschelte sanft seine Schulter.

Max zuckte mit den Achseln. »Sie hatte ein großes Herz. Wollte es allen recht machen. War sehr gerne Mutter und kümmerte sich großartig um ihre Kinder. Liebte auch ihren Mann. Das alles kam zusammen, und so lastete es besonders auf ihr, dass es ihr in ihrer Situation so ging, wie es ihr eben ging.«

»Wie ging es ihr denn?«, fragte ich.

»Wie geht es dir, wenn sich etwas nicht stimmig anfühlt?«, fragte er zurück.

»An einem schlechten Tag bin ich etwas deprimiert«, erwiderte ich achselzuckend.

»Und an einem mäßig guten Tag?«

»Da fühlt es sich an, als wäre ich gefangen und müsste ausbrechen.«

»Und an einem richtig schlechten Tag?« Als Max diese Worte aussprach, schoss ihm plötzlich eine Erinnerung durch den Kopf, die sehr sehr weit zurücklag. An ein Gitterbett aus Metall in einem kalten dunklen Raum im Waisenhaus. Eine einzelne nackte Glühbirne. Die abgetragenen Klamotten, die am Ende des Bettes auf einem Drahtkleiderbügel hingen. Er schob diese Erinnerung beiseite und sah mich geradewegs an.

Ich senkte meinen Blick kurz und sah ihm dann zögernd wieder in die Augen.

Max nickte bedächtig. »Jeder, der sich selbst gegenüber ehrlich ist, kennt solche Gefühle bis zu einem gewissen Maß. Meistens ist uns das allerdings zu unangenehm und zu peinlich, um es jemandem zu sagen.«

Ich nickte zustimmend.

»Also hat er der Frau von dem Isolierband erzählt«, schaltete Emma sich wieder ein und warf Max das Klebeband zu.

Dieser fing es und riss ein etwa dreißig Zentimeter langes Stück davon ab. Es war elastisch und riss leicht ein, wenn er zu fest daran zog.

»Du weißt, wofür man das bei Klempnerarbeiten verwendet, oder?«, fragte er mich.

»Man wickelt es zum Abdichten um die Gewinde. Damit die Leitung nicht leckt«, erwiderte ich.

»Genau.« Er bückte sich und hob ein schweres Rohrstück aus Metall vom Boden auf. »Wir haben dieses unglaublich strapazierfähige, langlebige Rohr.« Er griff sich ein weiteres Rohrstück vom Boden. »Und wir haben ein weiteres unglaublich strapazierfähiges, langlebiges Rohr, das wir mit dem ersten verbinden können.«

Max schraubte die beiden Elemente zusammen. »Und obwohl sie perfekt zusammenpassen und man sie schön fest zusammenschrauben kann, passiert Folgendes, wenn man Wasser hindurchlaufen lässt …«

»Es leckt immer noch ein bisschen«, unterbrach ich ihn.

»Genau so ist es«, bestätigte er.

Nun schraubte er die beiden Rohrelemente wieder auseinander, sodass das Gewinde sichtbar wurde. »Denn egal wie perfekt zwei Rohrelemente auch zusammenpassen mögen, es gibt immer noch winzige Lücken an der Verbindungsstelle. Dort, wo das eine Rohr die Rille des anderen nicht ganz ausfüllen kann. Also nimmt man dieses scheinbar windige, elastische, unscheinbare Band und fügt es zu der Verbindung hinzu.«

Und damit wickelte Max das Stück Isolierband, das er abgerissen hatte, um das Gewinde des einen Rohrs. Danach schraubte er die beiden Rohrelemente wieder zusammen. »Und wenn man das macht und Wasser hindurchlaufen lässt …«

»Dann leckt es nicht mehr«, sagte ich.

29 Max zuckte mit den Achseln. »Ich habe keine Familie. Ich verbringe viel Zeit alleine. Und wenn man einfach so dasitzt und das Treiben auf der Welt beobachtet, sieht man, wie die Menschen sich verhalten. Man hört, was die Leute reden. Und manchmal, wie sie sich gegenseitig anschreien. Eines Tages wurde mir dann schlagartig etwas klar.«

Er hielt ein Rohrelement aus Metall in die Höhe: »Egal wie stark diese Person ist …«, nun streckte er ein anderes Rohrstück in die Höhe, »oder wie stark diese Person ist …«, jetzt deutete er mit dem Finger dorthin, wo die Rohre miteinander verbunden wurden: »Und egal wie perfekt ihre Verbindung ist …«

»Es gibt trotzdem noch Lücken«, sagte ich. »Bereiche, in denen die Verbindung nicht ausreicht.«

Max nickte bestätigend. »Die Frau, von der ich gesprochen habe, hatte sich früher für Modern Dance begeistert. Als sie nun – so wie damals – eine einzige Tanzstunde pro Woche in ihr Leben integrierte, festigte das all ihre Verbindungen.«

»Das war ihr Isolierband«, schlussfolgerte ich.

»Richtig«, sagte Max. »Allerdings kann man so etwas leicht abtun. Was soll eine einzige Tanzstunde schon bringen? Was soll sich dadurch ändern, wenn man innerlich nicht in seiner Mitte ist? Schließlich ist es nur eine Kleinigkeit. Nichtig im Vergleich zur Last der Welt, die man auf seinen Schultern spürt, nicht wahr?«

Ich nickte.

»Aber diese Tanzstunde erinnert sie daran, wer sie noch ist – neben ihrer Rolle als Mutter und Ehefrau. Sie verleiht ihr das Gefühl, wieder vollkommen sie selbst zu sein.

Überdies können aus dieser einen wöchentlichen Stunde möglicherweise zwei werden. Und irgendwann vielleicht eine Stunde pro Tag. Aber wenn überhaupt nichts vorhanden ist, kann sich auch nichts entwickeln.«

»Es scheint so einfach zu sein«, erwiderte ich.

»Auch das gehört zu den Dingen, die ich bei den Leuten beobachtet habe«, sagte Max. »Wenn die Welt schwer auf ihnen lastet, meinen sie, etwas Einfaches könne unmöglich die Lösung sein. Daher probieren sie es nicht einmal aus und leiden stattdessen weiterhin unter ihrer Situation.

Oder sie suchen nach etwas viel Komplexerem, da sie denken, je komplexer etwas ist, desto wirksamer müsse es auch sein. Und dann probieren sie es nie aus, weil es gar so komplex ist.«

»Was bedeutet, dass sie weiterhin mit ihrer Situation hadern«, sagte ich.

Max nickte.

»Mein Isolierband ist das Surfen«, meinte Emma strahlend. »Wenn ich zu lange von den Wellen getrennt bin, beginnen meine Verbindungen, sich zu lösen.«

»Sogar die Verbindung zu deinem Vater?«, fragte ich überrascht.

»Ja, sogar die.«

»Jeder hat ein anderes Isolierband«, erklärte Max. »Ob es ein Tanzkurs ist, gärtnern, Fahrrad fahren oder ein Camping- oder Angelwochenende … Aber diese Dinge haben alle dieselbe Wirkung. Sie halten all die Verbindungen fest zusammen.«

In diesem Moment kam Casey in die Küche herein. »Hier ist also der allgemeine Treffpunkt«, sagte sie strahlend. »Wie geht's mit der Reparatur voran, Max?«

»Ist in fünf Minuten erledigt«, antwortete er. »Ich

muss nur noch etwas Isolierband um ein Gewinde wickeln, dann kann ich alles fertig machen. Danach seid ihr wieder startklar.«

»Perfekt«, antwortete Casey. »Ich habe gerade den Tisch gedeckt. Wir können doch nicht zulassen, dass John im Café zu Gast ist, ohne ihm ein Stück Erdbeer-Rhabarber-Kuchen anzubieten.«

Ich sah sie verwundert an. »Dann habe ich den Duft dieses Kuchens vorhin *tatsächlich* wahrgenommen.«

»Ich hatte so ein Gefühl, dass du vielleicht vorbeikommen würdest«, erwiderte sie schelmisch grinsend. »Deshalb haben wir heute Nachmittag einen gebacken.«

30 Ich half Max, die neuen Rohre festzuschrauben und die Verbindungen auf undichte Stellen zu überprüfen. Ein paar Minuten später saßen wir in einer der Sitznischen und betrachteten Kuchenstücke, die so groß waren wie die Teller, auf denen sie lagen.

Mike rutschte mit einem eigenen Teller in der Hand neben mich auf die Sitzbank. Emma und Casey nahmen ebenfalls Platz.

»Na dann«, sagte Mike und hielt seine Gabel in die Höhe. »Schön, euch alle wiederzusehen.«

Irgendwie erinnerte mich das an Hannah. Ich blickte hinaus zum Parkplatz, hinter dem sich die Dunkelheit ausbreitete.

Casey musste bemerkt haben, dass ich hinaussah, denn sie schlug ihre Gabel klappernd gegen meine. Als ich mich ihr zuwandte, deutete sie mit dem Kopf zum Fenster und lächelte wissend. So, als wollte sie sagen, dass alles gut werden würde.

Alle anderen schlugen nun ebenfalls klappernd ihre Gabeln aneinander und begannen dann, ihren Kuchen zu essen.

Ich nahm einen Bissen. »So lecker«, sagte ich. »Wow, der ist gut, Mike.«

Er lächelte. »Ich habe gehört, dass du eine Einführung in die Isolierbandphilosophie von Max bekommen hast.«

Ich nickte. »Sie ist wirklich genial.«

»Du hättest sehen sollen, wie ihn die erste Frau umarmt hat, der er diese Philosophie nahegebracht hat«, fügte Casey hinzu. »Ich dachte schon, sie würde dich nie wieder loslassen, Max.«

»Äh … nun ja, ich habe nur versucht zu helfen«, erwiderte er offensichtlich verlegen.

»Das hast du mit Sicherheit getan«, sagte Mike. »Und du hast nicht nur ihr geholfen.« Er wandte sich mir zu. »Emma und ich, wir beide beziehen uns ständig auf Max' Weisheit. Wenn wir das Gefühl haben, dass wir *unser* Isolierband benötigen – wie immer es auch aussehen mag –, sprechen wir darüber. Dann geben wir einander Raum, um unseren eigenen Dingen nachzugehen.«

»Und manchmal erinnern wir uns gegenseitig liebevoll daran, dass es an der Zeit sein könnte, etwas Isolierband zu verwenden«, fügte Emma lächelnd hinzu.

Mike pflichtete ihr bei: »Das stimmt. Manchmal ist man so damit beschäftigt, anderen Menschen zu helfen, dass man vergisst, wie wichtig das eigene Isolierband ist. Wenn man das lange genug ignoriert, verschlimmert sich die Situation, ehe man sich's versieht. Das geht ziemlich schnell.«

»Max hatte keine Gelegenheit, John das zu erläutern«, sagte Emma.

Ich schluckte mein letztes Stück Kuchen hinunter. »Du hast mir etwas vorenthalten, Max. Was passiert, wenn die Situation sich verschlimmert?«

Er zuckte mit den Achseln. »Nun ja, wie ich vorhin gesagt habe, nehme ich einfach Dinge wahr. Bei den Rohren ist es folgendermaßen: Wenn man kein Isolierband hat, entstehen undichte Stellen. Wenn die Verbindung fest ist, handelt es sich anfangs nur um ein kleines Leck, das aber dennoch vorhanden ist.

Im Laufe der Zeit verschlimmert es sich, da der Druck auf die undichten Bereiche wirkt und diese zu korrodieren beginnen.

Schon bald zerstört die Korrosion andere Stellen, an denen die Rohre miteinander verbunden sind. Das ist die nächste Phase des Problems. Aus den kleinen undichten Stellen werden größere Lecks.«

»Kann man diese zu diesem Zeitpunkt noch mit Isolierband beheben?«, fragte ich.

»Sprechen wir über die Rohre oder über Menschen?«, fragte er zurück.

»Über beide«, erwiderte ich.

»Wenn man es früh genug bemerkt, kann man die Rohre auseinanderschrauben, eine Menge Isolierband um das Gewinde wickeln und die Rohre dann wieder miteinander verbinden. Wenn der Korrosionsprozess noch nicht zu weit fortgeschritten ist, kann das reichen.«

Er zuckte mit den Achseln. »Ich denke, das gilt genauso für Menschen.«

»Was ist, wenn man die Verbindung nicht rechtzeitig repariert?«, hakte ich nach.

»Dann bricht alles auseinander«, antwortete er. »Irgendwann ist der Druck zu groß. Die Verbindung, die am Anfang so fest war, wird komplett zerstört.«

»Das sieht man nur allzu häufig im Leben«, fügte Casey hinzu. »Zwei Menschen begegnen sich, und sie haben eine großartige Verbindung. Ein paar Jahre später können sie einander dann nicht mehr ausstehen.«

»Das gilt auch für Eltern und Kinder«, sagte Emma. »Ich habe bei vielen meiner Freunde und ihren Eltern gesehen, wie eine wirklich liebevolle Beziehung völlig zerstört wurde.«

»Es wäre besser, dafür zu sorgen, dass das Isolierband lange davor eingesetzt wird. Die Verbindungen sollten eng, stark und sicher bleiben. Die Verbindung zu anderen sowie zu uns selbst.«

Er deutete mit dem Kopf auf Emma. »So wie sie es in der Küche gesagt hat. Für sie ist es das Surfen. Für die Frau, die hier war, ist es ein Tanzkurs.« Er deutete auf mich. »Ich weiß nicht, wie dein Isolierband aussieht, aber ich schätze, wenn du dir die Zeit nimmst, um darüber nachzudenken, wirst du es ebenfalls herausfinden.«

»Es besteht aus Abenteuern«, erwiderte ich sofort, ohne nachzudenken.

»Vor dem heutigen Abend wäre ich mir nicht sicher gewesen, wie meine Antwort lautet. Aber nach all deinen Erläuterungen weiß ich nun genau, wie mein Isolierband aussieht. Zu viel tägliches Einerlei, und schon empfinde ich einen gewissen Druck.«

Wir schwiegen eine Weile. Ich dachte darüber nach, wie gestresst ich in den letzten paar Jahren gewesen war und woran das gelegen hatte. Außerdem überlegte ich, wie weit ich mich von meinem Isolierband entfernt hatte und inwiefern ich selbst das zugelassen hatte.

»Danke, Max«, sagte ich schließlich.

»Wofür?«

»Dafür, dass du dir die Zeit genommen hast, die

Welt zu beobachten. Dafür, dass du diese Art und Weise entwickelt hast, mit der du die Dinge betrachtest. Ich wünschte, ich hätte diese Perspektive vor ein paar Jahren gehabt.«

Er zuckte mit den Achseln und versuchte, es herunterzuspielen, aber Casey breitete ihre Arme aus und umarmte ihn. »Das ist nur einer der vielen Aspekte, die Max so großartig machen«, sagte sie.

31 Nur Casey und ich saßen noch am Tisch. Max war wieder in die Küche zurückgegangen, um sein Werkzeug wegzuräumen. Mike und Emma hatten ihn begleitet, um die Küche in Ordnung zu bringen. Ich hatte ihnen meine Hilfe angeboten, aber sie hatten gesagt, sie würden sich gerne darum kümmern.

Ich wandte mich Casey zu. »Wir hatten heute Abend nicht viel Gelegenheit, uns zu unterhalten.«

Sie nickte. »Du hast etwas gebraucht, was ich dir dieses Mal nicht geben konnte. Wir hatten Glück, dass die Leitung zu tropfen begann und Max kommen konnte, um sie zu reparieren.«

»Ja, das war ziemliches Glück«, stimmte ich ihr zu.

Sie schmunzelte, und wir schwiegen eine Weile.

»Ich habe mitbekommen, dass du mit dem Älterwerden haderst«, sagte sie schließlich. »Und dass es dir schwerfällt, die Verbindung zu dem Teil von dir aufrechtzuerhalten, der das Abenteuer liebt. Ein

Teil des Lebens besteht darin zu erkennen, dass jede Phase uns die Chance gibt, eine Rolle zu übernehmen, die wir vorher nicht ausfüllen konnten. Und manchmal besteht das Abenteuer genau *darin*.«

»So wie die Rolle von Max am heutigen Abend«, überlegte ich.

Sie nickte. »Achtzig Jahre Weisheit können nicht von jemandem stammen, der nicht achtzig ist. Und wenn das die Weisheit ist, die jemand benötigt, es aber niemanden gibt, der sie diesem Menschen vermittelt …«

»Ich verstehe.«

Casey schmunzelte. »Ich wusste, dass du es verstehen würdest.«

»Danke, Casey.«

»Gern geschehen. Könntest du mir bitte außerdem noch zwanzig Dollar geben?«

»Für die Beratung?«, fragte ich überrascht.

Sie schüttelte den Kopf. »Nein, die Beratung ist umsonst. Du wirst später verstehen, wofür die zwanzig Dollar gedacht sind.«

Ich sah sie verwirrt an.

»Vertraust du mir?«, fragte sie mich.

Ich nickte.

»Dann vertraue mir.«

Damit stand Casey auf und holte ihren Bestellblock von der Theke. Dann reichte sie mir meine Rechnung. Ich bezahlte sie und gab Casey zwanzig Dollar extra.

»Du musst los«, sagte sie. »Du musst deinen Flug erwischen, erinnerst du dich?«

»Das ist schon in Ordnung. Ich habe ohnehin nicht mehr damit gerechnet«, erwiderte ich.

»Das solltest du aber. Er ist aufgrund des Unwetters verschoben worden. Wenn du jetzt losfährst, wirst du rechtzeitig zu Hause sein, um gemeinsam mit deiner Tochter vor dem Schlafengehen noch etwas zu lesen.«

Mir war schleierhaft, woher sie wusste, dass meine Tochter und ich jeden Abend vor der Schlafenszeit noch gemeinsam etwas lasen. Oder woher sie wusste, dass ich meinen Flug noch erwischen konnte. Aber ich war mir ziemlich sicher, dass sie letztlich recht behalten würde.

32 Ich nahm mir einen Moment Zeit, um meine Sachen aus der Sitznische zusammenzusuchen. Dann stand ich auf und ließ meinen Blick langsam durch das Café schweifen. Ich fragte mich, ob ich je zurückkommen würde.

Casey, die zuvor in die Küche gegangen war, stand nun an der Eingangstür. Ich ging zu ihr hinüber, doch meine Gedanken waren bei Max, Mike und Emma. Ich hatte mich noch nicht von ihnen verabschiedet.

»Ich habe es ihnen ausgerichtet«, erklärte mir Casey. »Du willst doch deinen Flug nicht verpassen.« Dann umarmte sie mich. »Übrigens«, sagte sie, als wir uns voneinander lösten, »Max hat mich gebeten, dir dies zu geben.« Sie reichte mir die Rolle mit dem Isolierband. »Es soll dich an den heutigen Abend erinnern.«

»Danke«, sagte ich schmunzelnd.

Casey öffnete die Tür des Cafés und sah hinaus zu meinem Auto. Der Regen hatte endlich aufgehört, und durch den wolkenverhangenen Himmel drang sogar etwas Licht.

»Vielleicht solltest du die Autotüren einen Moment öffnen, bevor du losfährst«, empfahl sie mir, als ich die Stufen zum Kiesparkplatz hinabging. »Die Fenster sehen ganz beschlagen aus. So kannst du nicht fahren.«

Ich blickte ebenfalls zum Auto und sah, was sie meinte.

»Das ist seltsam«, dachte ich bei mir. Die Scheiben waren tatsächlich völlig beschlagen. So als wäre es im Auto aus irgendeinem Grund warm.

Ich ging auf den Wagen zu und drückte auf den Schalter des Autoschlüssels. Das Hupsignal ertönte, und ich hörte, wie die Türschlösser sich öffneten. Ich lief noch ein paar Meter weiter, öffnete dann die Hintertür des Autos und machte vor Überraschung einen Satz. Jemand befand sich im Auto.

Es dauerte einen Moment, bis ich erkannte, dass es Hannah war.

»Entschuldigung«, sagte sie und schob hastig die Decke aus dem Notfallset von sich fort. Offensichtlich hatte die Autohupe sie gerade erst geweckt. »Ich bin eingeschlafen. Es hat geregnet, und ich wollte eigentlich der Straße folgen, aber der Sturm war wirklich stark, und deshalb bin ich …«

»Immer mit der Ruhe, meine Kleine«, antwortete ich. »Das ist schon in Ordnung.«

»Ich bin kein Kind mehr«, protestierte sie.

Ich dachte an Max. »Nun ja, wenn man über fünfzig ist, ist jeder in deinem Alter gefühlt noch ein Kind«, entgegnete ich.

Ich machte einen Schritt zurück, um Hannah aus dem Auto steigen zu lassen. Sie blickte nach oben zum Himmel und dann zur hinteren Wand des Cafés.

»Steht dein Fahrrad dort drüben?«, fragte ich sie.

Sie nickte.

Schlagartig fielen mir zwei Momente ein, die ich an diesem Tag mit Casey erlebt hatte. Zum einen hatte sie mir erklärt, dass wir in jedem Alter eine Rolle spielen müssen. Und später hatte sie mich aufgefordert, ihr zwanzig Dollar zu geben.

Schmunzelnd schüttelte ich leicht den Kopf.

»Was ist?«, fragte Hannah misstrauisch.

»Du hattest recht«, antwortete ich.

»Womit?«

Ich deutete mit dem Kopf zum Café. »Damit, dass ich bereits früher hier war.« Ich hielt inne. »Ich war 28, als ich das Café zum ersten Mal entdeckt habe.

MENU

Das ist über zwei Jahrzehnte her. Ich kann dir gar nicht sagen, auf welch vielfältige Weise diese Erfahrung mein Leben verändert hat.«

Ich machte erneut eine Pause. »Ich habe ein großartiges Leben geführt, weil ich in dieses Café gegangen bin und mich einige Zeit mit den Menschen darin unterhalten habe. Ich bedaure lediglich, dass ich es nicht früher entdeckt habe.«

Ich wies noch mal mit dem Kopf in Richtung des Cafés. »Du bist *fünfzehn*. Du *hast* es früher gefunden. Ich weiß nicht, warum. Ich weiß nicht, welche Bedeutung es für dich haben wird. Aber wenn du meine Tochter wärst und die Chance hättest, ein paar Stunden dort zu verbringen …, dann würde ich dir sagen, dass es die Chance deines Lebens ist.«

Ich blickte zur Straße und wandte mich dann wieder Hannah zu. »Du kannst jetzt sofort nach Hause zurückkehren, wenn du möchtest. Ich bin sicher, dass Casey dir den Weg zu deinem Wohnort beschreiben kann, wenn wir hineingehen. Ich werde dich auch hinfahren, wenn du das immer noch möchtest.«

Nach einer kurzen Pause deutete ich wieder zum Café. »Aber wenn du etwas Zeit dort drinnen verbringst, selbst wenn es nur ein paar Stunden sein sollten, wirst du in einigen Jahren bestimmt zurückblicken und erkennen, dass es eine der besten Entscheidungen deines Lebens war.«

Wir standen uns gegenüber. Hannah blickte zum Café und dann zu Boden. Ich hörte, wie ihr Magen knurrte. Sie musste einen Bärenhunger haben.

Schmunzelnd schüttelte ich erneut den Kopf. »Ich habe Casey zwanzig Dollar für dein Essen gegeben. Für den Fall, dass du wieder auftauchen würdest. Ich habe dir ja vorhin gesagt, dass ich bezahle. Falls du also reingehst, die Kosten für das Essen sind bereits beglichen.

Dort drinnen ist übrigens ein älterer Herr namens Max. Er repariert Dinge. Und er macht das sehr gut. Bestimmt kann er dein Fahrrad flottmachen, wenn du ihn lässt. Es würde ihm sicher Spaß machen. Frag einfach Casey.«

Hannah sah erneut zum Café, sagte aber nichts.

Ich wollte ihr mehr erzählen. Sie irgendwie überzeugen. Aber ich wusste, dass sie letztlich ihre eigene Entscheidung treffen musste.

»Sie können fahren«, sagte sie schließlich, nachdem wir eine kurze Weile geschwiegen hatten. »Ich komme schon alleine klar. Sie brauchen mich nicht mitnehmen.«

»Bist du sicher?«, fragte ich.

Sie nickte.

»In Ordnung.«

Sie entfernte sich ein paar Schritte vom Auto, und ich stieg ein. Ein paar Augenblicke später hatte ich den Wagen gewendet und fuhr langsam über den gekiesten Parkplatz. Ich sah in den Rückspiegel. Sie stand immer noch an der Stelle, wo der Wagen vorher geparkt war.

»Komm schon, Mädchen«, sagte ich zu mir selbst.

Ich fuhr bis zum Straßenrand und blickte erneut in den Rückspiegel. Sie hatte sich noch immer nicht vom Fleck bewegt. »Na mach schon«, sagte ich sanft.

Ich zögerte einen Moment lang und rang mit mir. Doch die Entscheidung musste sie selbst treffen. Das wusste ich.

Ich blickte in beide Richtungen, um sicherzugehen, dass die Straße frei war. Das war der Fall, daher fuhr ich los und beschleunigte. Die Straße machte einen Bogen nach rechts, bei der Gelegenheit warf ich einen letzten Blick in den Rückspiegel.

Das Café wurde in der Entfernung kleiner, aber ich konnte Hannah immer noch erkennen. Sie stieg die Stufen hinauf und streckte die Hand nach der Eingangstür aus.

Ich spürte, wie ein Energieschub mich durchströmte, und strahlte freudiger, als ich es seit langer Zeit getan hatte. »Willkommen im Café der Fragen, Mädchen. Willkommen im Café am Rande der Welt.«

Epilog

Ich fuhr auf den Parkplatz der Autovermietung und gab mein Auto zurück. Der Shuttlebus zum Terminal kam kurz darauf, und schon war ich unterwegs nach Hause.

Mein Handy hatte bereits seit einer Weile wieder Empfang, aber da ich Auto gefahren war, hatte ich die SMS-Nachrichten, die vor Kurzem eingegangen waren, noch nicht lesen können.

Nun warf ich einen Blick darauf. Vier stammten von der Fluggesellschaft, die mich darüber informierte, dass der Flug Verspätung hatte. Und zwei waren von meiner Tochter, die mir schrieb, dass sie mich liebe, und mir zudem eine Reihe verrückter Emojis geschickt hatte. In ihrer letzten SMS stand, sie hoffe, ich werde rechtzeitig nach Hause kommen, um noch gemeinsam etwas zu lesen.

Ich atmete tief ein und dann langsam wieder aus. Während der Fahrt hatte ich viel über meine Zeit im Café nachgedacht. Über meine Gespräche mit Max. Das Wiedersehen mit Casey, Mike und Emma. Über die Begegnung mit Hannah, darüber, wie ich sie beim Wegfahren vor dem Eingang des Cafés gesehen hatte. Meine Gedanken waren außerdem zur Beerdigung meines Patenonkels gewandert, und ich hatte über die Tatsache nachgedacht, dass er nun fort war.

Als ich beim Terminal ankam, checkte ich ein und bekam meine Bordkarte von der Mitarbeiterin am Abfertigungsschalter. Sie sagte mir, dass ich noch 50 Minuten Zeit hätte, bevor mein Flug ging, und ich ihn problemlos erreichen würde. Außerdem sagte sie, die Verspätung tue ihr sehr leid.

Ich wandte mich vom Schalter ab und begann in Richtung meines Gates zu gehen. Dabei versuchte ich, die Bordkarte in die Innentasche meines Jacketts zu stecken. Doch sie ließ sich nicht hineinschieben. Ich versuchte es erneut, aber sie passte nach wie vor nicht hinein. Irgendetwas befand sich bereits in der Tasche. Ich griff hinein und zog einen Briefumschlag heraus, der in der Mitte zusammengefaltet war. Er hatte tief in der Tasche gesteckt.

Der Umschlag war an mich adressiert, allerdings handelte es sich bei der Adresse um einen Ort, an dem ich bereits seit sehr sehr langer Zeit nicht mehr wohnte. Die Handschrift wirkte so, als hätte jemand die Adresse mit zittriger Hand geschrieben.

Aus mir unerfindlichen Gründen begannen meine

eigenen Hände etwas zu zittern, als ich den Briefumschlag betrachtete. Von wem stammte er? Warum befand er sich in meiner Jackentasche?

Ich drehte den Umschlag um. Auf der Rückseite war er ebenfalls beschriftet. Im Gegensatz zu der Adresse auf der Vorderseite wirkten die Buchstaben auf der Rückseite allerdings fließend und locker geschrieben. Es war eine Nachricht von Casey.

Lieber John,

es wäre schön gewesen, heute noch länger zusammenzusitzen. Ich hätte dir diese Geschichte gerne in der ruhigen Atmosphäre des Cafés erzählt. So, wie wir es immer gemacht haben. Aber manchmal wirken die kosmischen Fügungen auf eine mysteriöse Weise und mehrere Lebenswege kreuzen sich auf unerwarteten Zeitachsen. Hannah muss sehr bald eine große Entscheidung treffen, und deine Familie erwartet dich. Daher muss dieser Brief dieses Mal genügen.
Vor ein paar Wochen besuchte uns ein sehr freundlicher älterer Herr hier im Café. Zunächst erblickte ich ihn durch die Vorderfenster. Er schien umherzuirren, so als hätte er sich verlaufen. Ich ging hinaus und bot ihm an, eine Weile Platz zu nehmen. Als

ich ihn fragte, wohin er wolle, antwortete er, dass er auf der Suche nach einem Briefkasten sei. Er habe einen wichtigen Brief, den er verschicken wolle, und sei beunruhigt, weil er nirgendwo einen Briefkasten finden könne.

Schließlich kam er mit hinein, und wir saßen eine Weile beisammen. Es war schön. Als ein paar Minuten vergangen waren, löste sich seine Verwirrung allmählich auf. Seine Gedanken wurden immer klarer. Seine Erinnerungen lebendiger. Sein Lachen müheloser. Das Leuchten in seinen Augen wurde strahlender.

Er berichtete mir von seinem Leben in der Wildnis Alaskas, als er ein junger Mann war. Und von den großen Zusammenkünften seiner Familie zu Weihnachten und bei Picknicken im Sommer. Er war ein großartiger Geschichtenerzähler. Und überdies ziemlich charmant.

Er erzählte mir auch von seinem Patensohn J.J., der eigentlich John hieß. Und von den Angel- und Campingausflügen, die sie vor langer Zeit gemeinsam unternommen hatten. Er sagte mir, der Brief, den er verschicken müsse, sei für J.J.

Kurz bevor unsere gemeinsame Zeit zu Ende war, fragte er mich, ob ich ihm einen Gefallen tun und dafür sorgen könne, dass der Brief dorthin gelangte, wo er hin sollte. Er befürchtete, dass sein Geist wieder eintrüben würde, sobald er das Café verließ, und er sich nicht daran erinnern würde, was er tun wollte.

Ich hörte auf zu lesen und wandte den Blick ab. Blinzelnd kämpfte ich mit den Tränen.

Danke, dass du uns deinen Patenonkel für einen Nachmittag geschenkt hast, John. Das Café ist ein besserer Ort, weil er hier war. Dies ist der Brief, den er dir geschrieben hat.

Alles Liebe,
Casey

Ich ließ meinen Arm mit dem Brief sinken und schüttelte etwas ungläubig den Kopf. Als ich am frühen Abend auf der Beerdigung gewesen war, hatte ich von meinen Angehörigen erfahren, dass mein Patenonkel ein paar Wochen zuvor aus dem Seniorenheim verschwunden war, in dem er gewohnt hatte. Die Pfleger dachten, er sei beim Mittagessen im Speisesaal. Die Leute im Speisesaal dachten, er sei in seinem Zimmer. Die Leute, die sein Zimmer kontrollierten, dachten, er mache einen Spaziergang auf dem Gang.

Doch in Wirklichkeit hatte er sich schick angezogen, war geradewegs durch den Vordereingang hinausmarschiert und dann einfach immer weitergelaufen. Schließlich kamen die Betreuer aus dem Heim aufgrund der Aufnahmen der Kamera beim Vordereingang darauf.

Fünf Stunden später war er durch die gleiche Tür wieder zurückgekommen, zur großen Erleichterung all der Betreuer, die verzweifelt nach ihm gesucht hatten. Keiner konnte je sagen, wohin er gegangen war.

Ich hielt den Briefumschlag in die Höhe und betrachtete erneut Caseys Nachricht. Mit leicht zitternden Händen schob ich meinen Finger in die Lücke am oberen Rand des Briefumschlags und öffnete diesen. Der Brief darin war in derselben zittrigen Schrift geschrieben wie die Adresse auf der Vorderseite des Briefumschlags.

Lieber J.J.,

es ist lange her, dass wir uns geschrieben haben. Ich hoffe, es geht dir gut.
Neulich kamen mir all die Ausflüge in den Sinn, die wir unternommen haben, als du jung warst. Erinnerst du dich daran? An unsere Camping- und Angelausflüge?

Als ich daran dachte, wurde mir bewusst, dass du mittlerweile älter bist, als ich es damals war, als wir diese Exkursionen unternommen haben. Es fällt mir sehr schwer, mir das vorzustellen.
Wir haben uns bei diesen Abenteuern über viele Dinge unterhalten. Du hast stets so großartige Fragen gestellt. Selbst als du noch ein sehr sehr kleiner Junge warst. Viele davon hatten natürlich mit dem Angeln und der Natur zu tun. Aber du hast auch viele Fragen über das Leben gestellt.
Ich wusste nie genau, warum. Es war, als würdest du dich stets fragen, was sich wohl hinter der nächsten Ecke befinden mochte. Als würdest du ständig nach einem Hinweis darauf suchen, was als Nächstes kommen würde.
Deshalb habe ich beschlossen, dir diesen Brief zu schreiben, J.J. Ich habe nicht mehr viele klare Momente. Das ist bereits seit Langem so. Es heißt, es liege an meinem Gehirn. Es funktioniert nicht so, wie es sollte. Mit Sicherheit funktioniert es nicht so, wie ich es mir wünschen würde. Und ich habe den Eindruck, dass der Rest von mir auch nicht gerade großartig funktioniert. Wahrscheinlich werde ich nicht mehr viel Zeit für Briefe haben.
Deshalb wollte ich dir schreiben. Weil du wissen sollst, wie es hinter diesen letzten Ecken so ist.

Eins der Dinge, die man an diesem Punkt erkennt, ist, wie wertvoll die eigene Jugend war. Und wie schnell sie schwindet. Außerdem erkennt man, dass das Tempo, mit der sie schwindet, zunimmt.
Es lässt sich ein bisschen mit dem Gefühl vergleichen, das wir bei unseren Ausflügen hatten. Am ersten Tag dieser Abenteuer schien es immer so zu sein, als hätten wir sehr viel Zeit übrig. Auf der Fahrt unterhielten wir uns über all die Dinge, auf die wir uns freuten, und überlegten, wie wir die Woche gestalten würden.
Am zweiten Tag fühlte es sich genauso an. Aber als wir die Hälfte der Zeit unseres Ausflugs hinter uns hatten, schienen die restlichen Tage stets sehr schnell zu vergehen. Und dann war es auf einmal vorbei.
Erinnerst du dich an dieses Gefühl? Nun, wenn du es bisher noch nicht erlebt hast, wirst du es in deinem Leben auch bald so empfinden.
Wenn ich mich recht erinnere, hattest du eine ziemlich große Erkenntnis, als du etwa 28 Jahre alt warst. Sie hatte etwas mit einem Abend in einem seltsamen Café zu tun. Ich glaube, dein Vater hat das mir gegenüber erwähnt. Ihm zufolge hast du dich danach wirklich auf die Dinge konzentriert, die dich glücklich gemacht haben. Du hast deinen

Rucksack geschultert, die Welt gesehen und warst ein Abenteurer.
Ich habe mich so darüber gefreut, das zu hören. Es erfordert wahren Mut, das zu tun, wovon wir überzeugt sind, was richtig für uns selbst ist, auch wenn der Rest der Welt glaubt, dass es etwas verrückt ist. Aber wenn wir diese letzten paar Ecken erreichen, wird uns mehr als je zuvor bewusst, dass letztlich genau diese Entscheidungen die wichtigsten im Leben sind.
Ich hoffe, du genießt deine Tage nach wie vor, J.J. Vielleicht hast du nicht mehr das Gefühl, jung zu sein, und im Vergleich dazu, als du ein Kind oder in einem Alter zwischen 20 und 40 warst, bist du es tatsächlich nicht. Aber das ist umso mehr ein Grund, darauf fokussiert zu bleiben, was dich glücklich macht. Denn die Uhr beginnt schneller zu ticken. Suche weiterhin nach Orten, an denen du dich lebendig fühlst, die dich glücklich machen und dich begeistern. Verbringe viel Zeit dort. Erfülle dein Leben mit Aktivitäten, die dir das Gefühl vermitteln, dass du jeden Tag sinnvoll verbracht hast. Denn es wird eine Zeit kommen, zu der du nicht viele Dinge tun kannst, die dich begeistern. Dein Geist oder dein Körper werden das einfach nicht mehr zulassen. Verbringe außerdem weiterhin Zeit mit den Men-

schen, die dir am meisten bedeuten. Denn von allen Minuten sind das die wertvollsten.
Damals, als wir noch unsere Ausflüge gemacht haben, wussten wir wohl alle, dass sie besonders waren. Aber jetzt, an diesem Punkt meines Lebens, wird mir erst bewusst, wie besonders sie tatsächlich waren. Was würde ich darum geben, nur einen einzigen Tag mit allen gemeinsam dort draußen am Wasser zu verbringen. Das Lachen, die Scherze, das Gefühl am Morgen, als wir uns alle darüber unterhielten, was der Tag wohl bringen mochte.
Was würde ich nur für einen weiteren Tag geben, an dem ich die Sonne auf meiner Haut und die Bewegung der Wellen spüren könnte. An dem ich noch einmal die Möglichkeit hätte, eine Angel in der Hand zu halten und den Zug irgendeines kapitalen Fischs am anderen Ende zu spüren.
So, das muss für heute wohl reichen, mein Junge. Ich merke, dass mein Geist sich wieder vernebelt. Ich weiß nicht, wie lange er einigermaßen klar bleiben wird, deshalb möchte ich versuchen, diesen Brief einzuwerfen, solange ich es noch kann.

Pass auf dich auf, J.J. Ich liebe dich.

Dein Patenonkel

Ich faltete den Brief zusammen. Meine Augen füllten sich erneut mit Tränen, aber dieses Mal unternahm ich keinen Versuch, sie wegzublinzeln. Ich ließ sie einfach laufen. Einige Menschen sahen mich an, als stimme etwas mit mir nicht. Es war mir völlig egal.

In den nächsten paar Stunden während meines Rückflugs dachte ich viel über unsere gemeinsamen Ausflüge nach sowie über die Dinge, mit denen ich in den letzten paar Jahren gekämpft hatte. Ich sann über alles nach, was in den letzten 24 Stunden passiert war, sowie darüber, was mein Patenonkel mir bedeutet hatte.

Dabei wurde mir unter anderem bewusst, dass ein Teil unserer Angst beim Älterwerden darin begründet ist, uns von den Menschen verabschieden zu müssen, die uns so viel bedeuten. Wir sehnen uns nach einem letzten gemeinsamen Moment mit ihnen. Nach einer letzten Umarmung oder nach einem »Ich liebe dich«. Nach einem letzten gemeinsamen Abenteuer oder einer letzten Lebensweisheit, die sie uns vermitteln.

Aber in Wirklichkeit geht es nicht um diesen letzten Moment. Es geht um all die Male, die sie uns *je* in die Arme geschlossen haben. Um all die Male, bei denen sie uns *je* gesagt haben »Ich liebe dich«. Um all die Abenteuer und all die Weisheiten, an denen sie uns *je* teilhaben ließen.

Das sind die Dinge, die für immer da sein werden. Die uns fest mit ihnen verbunden halten – für immer.

© Paul Landeri

Über den Autor

Nach einem lebensverändernden Erlebnis im Alter von 33 Jahren war John inspiriert, die Geschichte des Cafés am Rande der Welt niederzuschreiben.

Innerhalb eines Jahres nach der Veröffentlichung hatte das Buch sich durch die Mundpropaganda der Leser auf dem gesamten Globus verbreitet und begeisterte Menschen auf jedem Kontinent, einschließlich Antarktika. In verschiedenen Ländern erreichte es den ersten Platz auf den Bestsellerlisten. Überdies wurde es in 41 Sprachen übersetzt.

Johns Bücher verkauften sich weltweit mehrere Millionen Mal. Zu seinen Veröffentlichungen gehören: *Das Café am Rande der Welt; Wiedersehen im Café am Rande der Welt; Safari des Lebens; The Big Five for Life; Das Leben gestalten mit den Big Five for Life; Wenn du Orangen willst, such nicht im Blaubeerfeld; Was nützt der schönste Ausblick, wenn du nicht aus dem Fenster schaust; Folge dem Rat deines Herzens und du wirst bei dir selbst ankommen.*

All dies verblüfft ihn nach wie vor, und er ist zutiefst dankbar dafür.

Wenn er nicht gerade schreibt, bereist er mit seiner Familie häufig die Welt.

Wenn Sie John kontaktieren oder mehr über den Autor erfahren möchten, können Sie die folgende Internetseite besuchen:

www.johnstrelecky.com

Folgen Sie John Strelecky auf:

LinkedIn

@JohnStrelecky

2009 wurden die ersten Seminare nach der Philosophie von John Strelecky veranstaltet, mit dem Ziel, Menschen auf der Suche nach ihren Herzenswünschen, ihren Big Five for Life, und ihrem ZDE (Zweck der Existenz) zu begleiten. Heute unterstützt diese mehrstufig aufgebaute Seminarreihe viele Menschen u. a. in Deutschland, Schweiz und Österreich dabei, ein glückliches und erfülltes Leben zu führen.

Weiterführende Informationen zu Workshops,
Veranstaltungen und Seminaren finden Sie unter:
www.johnstrelecky.de

dtv
JOHN STRELECKY
Safari des Lebens

JOHN STRELECKY
VON DEM AUTOR
Das Café
am Rande
der Welt
DES BESTSELLERS
Was nützt der
schönste Ausblick,
wenn du nicht aus
dem Fenster schaust
dtv

JOHN STRELECKY
Wenn du Orangen
willst, such nicht im
Blaubeerfeld
VON DEM AUTOR
Das Café
am Rande
der Welt
DES BESTSELLERS
dtv

JOHN STRELECKY
Folge dem Rat
deines Herzens und
du wirst bei dir
selbst ankommen
VON DEM AUTOR
Das Café
am Rande
der Welt
DES BESTSELLERS
dtv